経済学の道しるべ

岩田規久男

夕日書房

経済学の道しるべ ＊ 目次

第1章　経済学を学ぶ効用

本書の題名は「経済学の道しるべ」です。この題名が意味することは、経済学の基礎的な知識を学んで、実際に起きている経済現象を正しく理解するための「道しるべ」を示すということです。実際に起きている経済現象を正しく理解しなければ、それに対する正しい対処法もわからず、誤った対応をすることになってしまいます。

マスメディアやＳＮＳには、情報があふれていますが、経済に関しては、事実に基づかなかったり、経済学の知識がなかったりするため、間違った情報が飛び交っています。本書では、そうした間違った情報から読者を解放することを目指します。

市場経済の働きを知る

私たちは、資本主義経済のもとで生活しています。この資本主義はカール・マルクスの時代の資本主義とは大きく異なり、民間の活動からなる市場経済と国家による市場経済の補完・修正とで構成されています。

ここで重要になるのが、国家はどのように市場経済を補完・修正すれば、私たちの厚生を増大させることができるかという問題です。この問題に適切な答えを見出すためには、市場経済の仕組みと働き（すなわち、機能）を理解しておくことが不可欠です。

ところが、実際の国家による政策、すなわち、市場経済の補完・修正を目的とする市場経済への介入は、市場の働き方を無視しているものが少なくありません。そのため、達成しようとした目的が達成されないばかりか、かえって、人々の厚生を低下させるという逆効果をもたらしているケースが多々見られます。政治家や官僚は善意で政策を立案し、実行しているつもりでも、経済知識を欠いていると、まるで悪意をもって実行しているのではないかと思われるような結果をもたらすことがあります。

読者も経済知識を欠いたまま選挙で一票を投ずると、読者が望まない結果を生む政策を採用する政党に投票してしまう可能性があります。

市場はどのように機能するか

(1) 個人も企業も利益が最大になるように行動する

経済を理解するためには、市場の機能を理解しておくことが重要です。経済政策を考える場合も、市場の機能を理解せずに政策を実施すると、政策の目的と逆の結果を招いたりします。良かれと思って実施した経済政策が多くの人を不幸にする場合もあります。

市場経済とは、無数の経済主体（大別すると、家計と企業および政府・中央銀行）の行動が価格を媒介にして調整される経済です。したがって、市場経済の働き方を理解するためには、経済主体の行動原理を理解することから始めなければなりません。

経済主体の行動原理は、どんな社会でも、「自分の利益になるように行動する」というものです。例えば、士農工商という身分制度の下にあった江戸時代の士、農民、職人、商人はそれぞれのおかれた社会的・経済的状況の下で、自分にとってできるだけ利益が大きくなるような行動をとったと考えられます。ただし、その追求する利益は同じ身分階級でも、人によって異なります。

ここで、留意すべき重要な点は、利益最大化行動は、「それぞれのおかれた社会的・経済的状況のもとで」という条件付きである点です。それぞれのおかれた社会的・経済的条件は、個々人の行動によっては容易に変えられません。江戸時代に、農民の家に生まれれば、農民という身分を所与として利益を最大にするように行動するしかありません。この農民という身分を廃絶するためには、革命が必要です。江戸時代に、飢饉が起きるたびに、百姓一揆がおきましたが、それは農民という身分から解放される革命ではありませんでした。

次に、時代を現在に戻して、2023年現在のロシア人の行動を考えてみましょう。ロシアはウラジーミル・プーチン大統領のもとで、ウクライナを侵略しています。マスメディアはなぜか、「ロシアによるウクライナ侵攻」といっていますが、他国の人の生命と領土と財産を奪い、破壊する行為は侵略ですから、本書では、ロシアによるウクライナ侵略といいます。この状況下にある、ロシア人の行動はどのようなものでしょうか。

ウクライナ侵略が始まった当初は、ロシア各地でかなりの規模の反戦デモがありました。反戦デモの参加者は、それが自分にとって最も利益になる行動だと思ったから、デモに参加したと考えられます。しかし、ロシア国家による反戦デモの暴力的鎮圧と拘束が実行されると、反戦デモはなくなってしまいました。さらに、国家のプロパガンダと反政府活動の厳しい取り締まりが始まると、世論調査では、プーチン支持が80％にも上り、ＳＮＳで政府を批判する言説も消えてしまいました。そのように行動することが、ロシア人にとって最も安全で、自己の利益を守るうえで最適だからでしょう。

ところが、２０２２年9月末に、プーチンが予備兵らの部分動員を発表すると、ふたたび反戦デモが起きましたが、むしろ、ロシアから逃げ出す人が急増し、米ＣＮＮテレビによると、9月29日現在、二〇万人のロシア人が国外に逃れたそうです。これまで他人ごとと思っていたロシアの人々の多くが、自分に火の粉がかかるとわかるや、国外逃亡に走ったのです。このロシア人の行動は情けないことですが、人は「自分の置かれた社会的・経済的状況のもとで、自分の利益になるように行動する」典型的（すぎる！）な例です。

以上からわかるように、人々は自らが置かれた環境を所与として、自分の利益が最大になるように行動します。もちろん、自らが置かれた環境を変えることが自分にとっても、他人にとっても利益になると思えば、環境自体を変えようと行動します。その最たる例が革命家でしょう。しかし、歴史は、多くの革命家がかえって人々から幸福を奪ったことを示しています。

日本の資本主義経済のもとでは、法によって定められたルールのもとで、個人は効用（個人にとっての利益を、経済学では、効用と表現します）を、企業は利潤を最大にしようと行動します。この行動様式は、標準的な行動であり、そうでない行動をとる人や企業も存在します。例えば、恵まれない人を助ける慈善活動にいそしむ人がいます。しかし、この行動でさえ、その人は慈善活動に参加することから、自分自身、効用を得ていると考えれば、結局は、「自分の利益になるように行動」していることになります。

(2) 個人も企業も費用が最小になるように行動する

個人は効用を、企業は利潤を、それぞれ、最大になるように行動しますが、その目的を達成するためには、費用がかかります。したがって、正しくは、個人や企業は費用を考慮したうえで、それぞれ、効用と利潤を最大にしようとする、というべきです。

個人と企業が考慮する費用の中には、法によって定められたルールを破ったり、契約違反したりすることによって被る、確率的な費用も含まれます。

例えば、歩行者は横断歩道があるところでは、横断歩道を渡ることがルールとして定められています。しかし、このルールに違反しても、罰則を受けません。このルール違反の費用は、自らが自動車事故にあう確率的な費用ですが、少なからずの人がこの費用を低く見積もり、それに比べて、早く渡れることの効用の方が大きいと考えて、ルールを破ります。警察がこのルールを守らせようとすると、歩行者が多すぎて、大変な費用がかかります。そのため、警察はこのルール破りに目をつぶり、自己責任に任せるしかありません。

それに対して、日本の「飲酒運転」に対する罰金・罰則はおそらく世界一厳しく、酒類を提供した人や同乗者まで罰金・罰則の対象にしています。この世界一厳しい罰金・罰則を設定し、実際にも、飲酒運転の取り締まりを強化したため、飲酒運転による死亡事故は２００２年の年間１０００件から、急減して、21年は１５２件です。それでも、警察庁は「依然として飲酒運転による悲惨な交通事故は後を絶ちません」（警察庁ホームページ）と満足していません。

この「飲酒運転」の厳しい罰金・罰則と取り締まり強化は、人々の効用最大化行動様式を踏まえた対策であるため、大きな効果を発揮しています。

（3）最低賃金による賃上げは企業行動を無視した政策

右に述べた個人や企業の行動原理に逆らった政策は失敗するか、効果があったとしてもごくわずかなものに留まります。例えば、第二次安倍晋三政権時代から、政府は賃金の上がり方が低いため、最低賃金の引き上げに熱心です。自民党には、「最低賃金一元化推進議員連盟」（22年現在）があるくらいです。

最低賃金に関しては、２０２１年にノーベル経済学賞を受賞したデービッド・カード米カリフォルニア大学バークレー校教授と、故アラン・Ｂ・クルーガー米プリンストン大学教授の研究（"Myth and Measurement: The New Economics of the Minimum Wage" Princeton University Press, 1995）が「最低賃金を引き上げても、雇用は減少しない」ことを明らかにしたと受け取られたことが大きく影響しています。

しかし、同書の結論は、「最低賃金の上昇が大幅なものでなければ、その上昇が雇用を減らす程度は、さほど大きくない」ことと「最低賃金の引き上げの所得再分配効果はごくわずかでしかない（1990〜91年の米国の最低賃金上昇によって再分配された額は、賃金として支払われる総額のうちの0・2％でしかなかった）」ということであり、最低賃金の引き上げ政策を推奨している研究ではありません。

実は、右のカード、クルーガー両教授の二つの結論自体は目新しいものではなく、多くの労働経済学者が指摘してきたことです。カード教授がノーベル賞を受賞した理由は、労働に関する個票データが得られるようになり、そのデータを解釈する厳密な計量分析手法を開発したことであり、「最低賃金の引き上げの有効性を証明した」ことに対するものではないのです。

最低賃金の引き上げをわずかな水準にとどめなければ、雇用の減少を避けられないのは、企業の利潤最大行動から考えれば当然です。

話をわかりやすくするために、読者が家政婦さんを雇おうとするときに、どれだけの賃金を払ってもよいと思うかを考えてみましょう。読者が払ってもよいと考える最大の賃金は、家政婦さんを雇うことによる家事負担の減少が読者にもたらす効用の増加を、金銭的価値であらわしたものに等しいはずです。家事労働はほとんど市場化されていないため、この金銭的価値を正確に測ることは難しいですが、読者はある程度の幅をもって家政婦さんに提示する用意があるでしょう。読者はたとえば、「時給950円でなければ、絶対に家政婦さんを雇わない」とは思わないのではないでしょうか。仮に、「時給950円でどうですか」と提示してみて、交渉相手が「1000円くらいにしていただけませんか。今では、スーパーの時給も1000円くらいですから」と言われ、その人が良さそうな人と思えば、相場が1000円なら、仕方がないと承諾するでしょう。しかし、「時給1500円」を要求されると、雇うかどうか躊躇する可能性が高くなるのではないでしょうか。

読者は家政婦さんに週3日来てもらうつもりでしたが、交渉相手が「時給1000円でなければ働かない」と主張してやまなければ、「週2日ではどうでしょう」と交渉するかもしれません。これで交渉が妥結すると、雇用は全くなくなりはしませんが、当初計画していたよりも、週1日分だけ減少します。この例は、時給を950円から1000円に引き上げると、雇用は全くゼロにはなりませんが、雇用する時間が減少するという意味で、雇用に対してマイナスの影響を及ぼす例です。しかし、最低賃金の雇用への影響に関する研究では、たいてい、雇用数や失業者数の変化に注目し、働く時間への影響を見ていません。これは、多くの最低賃金研究の欠点です。

次に、企業の場合を考えましょう。企業が人を雇おうとするときに注目するのは、その人を雇うとどれだけ生産量が増え、その増えたモノやサービスがどれだけの価格で売れるかです。この増えた生産量に予想されるその生産物の価格をかけた値を、労働の限界生産物の価値といいます。この限界生産物の価値の定義から、限界生産物の価値はモノやサービスがいくらで売ることができるかに依存することがわかります。この売れる価格には不確実性があります。さらに、雇おうとする人がどれだけ生産的であるかも、不確実です。企業はこのような不確実性に直面しているので、支払ってもよいと考える賃金には幅があるのが普通です。その幅は企業によって異なりますが、現在の賃金相場からそれほど大きくは離れていないと考えられます。したがって、企業が、最低賃金がこの比較的狭い幅の中に納まっていると判断すれば、当該の人を最低賃金で雇うでしょう。しかし、最低賃金がこの幅を超えれば、雇うと損すると考えて、雇わないでしょう。その結果、最低賃金以下でも働きたい人は、失業しなければなりません。

このように、賃金引き上げを最低賃金の引き上げによって達成しようとする政策は、企業の利潤最大化という行動原理を考慮すれば、ごくわずか、賃金を引き上げるだけにとどまらざるを得ず、所得再分配政策としては効果が小さいのです。

このように考えれば、政治家はもっと効果のある所得再分配政策を考えるべきである、という結論に達します。そのためには、政治家も経済学の基礎知識を学ばなければなりません。

読者も同じです。経済学の基礎知識なしに、なぜ、賃金が低いのか、なぜ、日本は１９９０年代以降、低成長なのか、なぜ、非正規雇用が増えているのか、などなどの経済現象を正確に理解したり、実際に採用されている経済政策や代替的な経済政策の効果を判断したりすることはできません。

主流派経済学の知識なしに経済を語る人たちの多きこと

ところが、日本のマスメディアやＳＮＳには、「経済学の基礎知識を持たない人」や「経済学の専門家と思われている人」の怪しげな経済的な意見があふれています。ここにいう、経済学とは主流派経済学を指しています。主流派経済学とは何かは第６章で説明します。

さらに言えば、実は、経済学の基礎知識だけでは、経済を正確に理解することができない事例も少なくありません。そこで、本書では、経済学の基礎知識よりも少し上のレベルまで、できるだけやさしく解説することを目指しています。

自分の経済的経験だけでは、経済を理解できない

日本では、経済学の基礎知識なしに、誰もが経済の専門家のごとく、自信たっぷりに経済を語る人が多いようです。しかし、そう思っていたところ、最近、私のメールアドレスに、有名な経済雑誌に掲載された間違いだらけの経済の話が送られてくるようになり、その中に、日本の似非エコノミストに交じって、アメリカ人がいることがわかりました。どうやら、世界中にこういう人がいるようです。なぜそうなるのでしょうか。

例えば、宇宙の原理を専門家気取りで語る弁護士はいません。ゴッホの絵を解説する自称経済評論家もいません。工学部を卒業して、投資ファンド運用会社に勤めただけで、文学を語る人もいません。しかし、経済ならこれらの人もマスメディアからお呼びがかかり、一流の経済の専門家として扱ってくれるのです。

企業経営と経済は異なることを理解することも重要です。優れた実績を上げたと評価されている経営者でも、自分の経験をもとにしか経済を語ることはできません。しかし、個々の上手くいった経営を経済全体に拡大しても、良い経済にはならないのです。

例えば、「伝説の経営者」と呼ばれたジャック・ウェルチ（1981年から2001年にかけて、米ゼネラル・エレクトリック社のCEO）は、1980年代に、リストラとダウンサイジングと呼ばれる大量の整理解雇を実践して、会社を立て直しました。その影響を受けて、80年代のアメリカ

では、整理解雇ブームが起きました。

80年代のアメリカで、ウェルチが容赦のない整理解雇という経営手法をとったのは、次のような厳しい経済環境に適応したためです。すなわち、当時のアメリカの中央銀行（ＦＲＢ）議長のポール・ボルカーは、14％程度まで高まったインフレ退治のため、議長就任当時、10・9％だった政策金利を、17・2％まで一挙に6・3ポイントも引き上げるという荒療治の金融政策を実施しました。その結果、80年と82年は、実質成長率がマイナスに落ち込み、失業率は9・7％に達するという、厳しい景気後退に見舞われたのです。このような悪化した経済環境のもとで、企業が生き残るためには、ウェルチがしたように、不採算部門を切り捨てるしかなかったのです。

それでは、すべての経営者がウェルチの経営手法を真似すれば、本書で議論する日本の「失われた20年（あるいは30年）」はなかったでしょうか。起きたことは、まったく逆で、大量の失業者の群れが発生したでしょう。

企業が厳しい整理解雇をするしか生き残れないような経済環境を作るのも、そうでない良好な経済環境を作るのも、個々の経営者ではなく、政府と中央銀行の経済政策です。個々の経営者ができることは、政府と中央銀行が作り出した経済環境の下で、利潤を最大化することでしかありません。


経済政策の要諦は「見えざる手」の働きをよくすること

アダム・スミスは、個々の家計と企業がそれぞれの利益を追求すれば、「見えざる手」に導かれて、社会全体の利益も増進されると述べました。しかし、それには条件があります。

市場経済には、ミクロ経済の失敗とマクロ経済の失敗があり、「自由放任」は最適な経済結果を生みません。ミクロ経済の失敗の代表例は、環境破壊です。マクロ経済の失敗は、物価の安定や雇用の安定が達成されないことです。したがって、これらの失敗に対する適切な経済政策が必要になります。その場合、どのような経済政策が最も望ましいかは、企業経営の成功者にもわかりません。

個々人の経験から、適切な経済政策を導くことができないのは、経済は数えきれないほどの経済主体（日本だけでなく、外国も含めた家計、企業、政府など）の経済活動の結果であり、それらの行動が複雑に相互依存の関係にあるからです。わかりやすく言えば、経済とは「風が吹けば桶屋が儲かる」世界なのです。なぜ、桶屋が儲かるかのメカニズムは、個々人の経験からは導けません。

経済モデルの構築によって経済を理解する

では、どうすれば、少しでも、「風が吹けば桶屋が儲かる」メカニズムに近づけるのでしょうか。それは、実際の経済を抽象化したモデルを作ることによってです。

経済学の歴史とは、この抽象化した経済モデルの現実を説明する程度をめぐる競争の歴史です。この競争に勝ち抜いた経済モデルが生き残り、その他のモデルは淘汰されますが、勝ち残ったと思われるモデルもしばらくすると、異なるモデルに取って代わられる、あるいは、淘汰されたと思われた経済モデルが、何かの事件をきっかけに生き返ったり、修正を加えられたりして、支配的な位置に復帰することもあります。

このように言うと、読者は「支配的な経済モデルが変わるごとに、異なった解釈がなされるのでは、経済学はあてにならない学問だ」と思われるでしょう。

確かに、経済学は自然科学の域には達していません。しかし、本書で扱う事柄は、現在の経済学の主流派の経済モデルから導かれる、経済メカニズムに限定しています。この主流派が将来、別の理論に取って代わられる可能性はゼロではありません。しかし、本書で扱うような主流派の「経済学のコアの部分」が将来、根本的に覆される可能性はほとんどないでしょう。それは、この「経済学のコアの部分」は長い経済学の歴史の中で、鍛えられて、生き残った部分だからです。

万能薬の経済政策はない

本書では、経済政策についての説明に多くを割きますが、読者には、「何か一つの経済政策で、すべての経済問題が解決されることはない」という点を、理解しておいていただきたいと思います。つまり、万能薬の経済政策はないのです。

この点を理解したうえで、読者に本書を読んでいただきたいと私が痛感したのは、私の著書である『日本型格差社会」からの脱却』(光文社新書)に対して、「怪しげな量的緩和を実施して、格差をもたらした張本人が書いた本だ」という趣旨のアマゾンの匿名書評レビューがあり、そのレビューが「役に立った」という人があまりに多いことを知ったからです。ただし、アマゾンがこのレビューは誹謗中傷の部類に入ると判断したのか、今ではレビューから消えています。

私は、2013年3月末から18年3月末での5年間、日本銀行副総裁として「量的・質的金融緩和」政策を進めました。右のレビューによると、この政策が「格差をもたらした」というのです。

しかし、第10章（239〜241頁）で述べますが、実際は、「格差は縮小した」のです。

そこで、思い当たるのが、私がこれまで「トンデモ発言」として無視してきた日曜朝のテレビ番組で、毎回のように流れる、ある評論家の発言です。この評論家の経歴を見ると政治学が専門のようで、経済学を学んだ形跡はありません。この評論家は「この点はあまり知られていないが、注視すべき問題だ」というのが常套句で、注視すべき問題の対応策は一切提案したことがありません。

しかし、この評論家は、日銀の2013年4月以降の金融政策についてだけは、どういうわけか断定的に批判します。すなわち、「アベノミクスは株価を引き上げて、富裕層をさらに豊かにしただけで、賃金は少しも上がらなかった。これは、金融超緩和でお金をじゃぶじゃぶにして、マネーゲームを推進した結果だ」というのです。

なるほど、右のアマゾンの匿名レビュアーが言いたいのは、この評論家の発言と同じことのようです。

右のような発言を聞いて、「その通りだ」と思われる読者は少なくないのではないかと思います。しかし、「ちょっと待ってほしい」と思います。

金融政策とは、「物価の安定を通じて、雇用の安定を図る」ことを目的とする政策です。雇用の安定とは、失業率を引き下げて、「非自発的失業」がない状態、すなわち完全雇用状態を維持することです。完全雇用状態でも、職種や賃金が気に入らないために職に就かない人がいます。あるいは、働かずに、専門学校や大学・大学院に進学する人もいます。こうした人を「自発的失業者」と呼びます。金融政策では自発的失業者を無くすことはできません。しかし、モノやサービスに対する需要が当該経済の供給能力に比べて不足している場合には、非自発的失業者が存在しており、金融緩和政策を実施して、非自発的失業者を減らすことはできます。

２００８年９月に起きたリーマン・ショック後の世界経済は、まさに、１９３０年代以来、78年ぶりに、世界全体が需要大不足経済に陥った世界です。需要不足があまりに大きかったため、どの国の失業率も大きく上昇し（米国２００８年７月５・８％→09年10月10％、英国08年７月５・７％→11年10月８・８％、日本08年７月３・９％→09年７月５・５％）、どの国も中央銀行の政策金利である短期金利はほぼゼロになってしまいました。この状況から脱出するためには、政策金利を引き下げる余地がないため、金融政策としては、「量的緩和」しか残されていませんでした。そこで、アメリカの中央銀行（以下、ＦＲＢ）は躊躇することなく、量的緩和に踏み切り、マネタリーベース（マネタリーベースとは、現金と民間銀行が中央銀行に預けている預金の合計）を大量に供給しました。その結果、ＦＲＢが14年８月に量的緩和からの出口に向かったときのマネタリーベースの残高は、リーマン・ショックが起きた前月の08年８月の４・８倍に達したのです。

イギリスの中央銀行であるイングランド銀行（以下、ＢＯＥ）も量的緩和を実施し、政府は付加価値税率を軽減しました。その結果、経済が回復に向かったため、ＢＯＥは２０１０年半ばから、国債残高の維持政策に転換しました。当時のキャメロン政権は、経済危機は終わったと判断して、10年に付加価値税率を元に戻し、緊縮財政に転換しました。その結果、景気はふたたび悪化してしまったのです。この状況を救ったのは、ＢＯＥの量的緩和の再開でした。結局、ＢＯＥが量的緩和を中止した18年９月のマネタリーベース残高は、リーマン・ショックが起きた前月の08年８月比で、

7・8倍にも達したのです。

一方、ユーロの中央銀行である欧州中央銀行（以下、ＥＣＢ）は、リーマン・ショック後、小規模の量的緩和とマイナス金利政策で対応しました。しかし、経済は回復せず、14年には、「日本化」（デフレを原因とする長期経済停滞）に陥るのではないかという懸念が広がりました。そこで、ＥＣＢは「日本化」に陥ることを回避するために、15年3月から大々的な量的緩和に踏み切りました。その結果、ＥＣＢの19年7-9月期のマネタリーベース残高は08年7-9月期の3・8倍に達しました。

それに対して、新型コロナ感染が発覚する前の20年2月の日銀のマネタリーベース残高は、13年4月に「量的・質的金融緩和」政策を開始した当時の3・7倍です。

以上のように、リーマン・ショック後の主要先進国の金融政策は「量的緩和」であるという点で共通しています。しかし、日本の「量的・質的金融緩和」実施前の13年3月のマネタリーベース残高は08年8月比1・5倍にとどまっていました。この日銀の金融政策の方が、リーマン・ショック後の需要大不足経済に対応する金融政策としては、異常な政策だったのです。ちなみに、13年3月のＦＲＢとＢＯＥのマネタリーベース残高はすでに、08年8月比、それぞれ、3・5倍と4・3倍（日本は右に述べたように、1・5倍）に達していたのです。

以上のような「量的緩和」を採用した英米ユーロは、78年ぶりの大不況を克服して、物価の安定と失業率の低下とを達成しました。

なお、20年初めに新型コロナ感染問題が発生すると、ふたたび主要先進国の金融政策は「量的緩和」に戻りました。低金利・低成長の時代には、新型コロナパンデミックのような大きなショックが起きて、かなり深刻な不況が予想される場合には、量的緩和は当たり前の金融政策です。

日銀の「量的・質的金融緩和」を壮大な実験（早川英男『金融政策の「誤解」――〝壮大な実験〟の成果と限界』慶應義塾大学出版会、2016年）だとか、ギャンブルだ（早川英男14年11月6日のロイターインタビューなど）などと考えたりする方が、主流派経済学や主要先進国の金融政策から見て、非常識なのです。高橋洋一嘉悦大学教授も批判していますが、早川氏のいうように日銀の「量的・質的金融緩和」がギャンブルならば、「先進国の中央銀行はみんな『ギャンブル』をしていることになってしまう。……しかも、その『ギャンブル』を早くやった国ほど、リーマン・ショックからの脱出も早い」（高橋洋一「典型的な『旧日銀』エコノミストの『金利暴騰と円暴落』予言の真偽」ZakZak by 夕刊フジ、連載「日本の解き方」、2015年7月10日）のです。

次に、右で言及した評論家の「『量的・質的金融緩和』は株価を引き上げただけで、格差を拡大させただけだ」という批判を検討しておきましょう。

リーマン・ショック後の英米ユーロの「量的緩和」は株価を引き上げました。英米ユーロの「量的緩和」による株価引き上げ効果は、アメリカ114%、イギリス81%、EU19か国96%（FRED Databaseによる）であり、軒並み大きな上昇です。日本の2020年1月の株価の13年3月（「量的・質的金融緩和」が始まった前月）比は67%で、英米に比べると、かなり低い方です。

このように、「量的緩和」はどの国・地域でも、大きな株価上昇をもたらしました。しかし、日本のように、08年9月半ばのリーマン・ショックにより暴落した株価が、安倍晋三元首相が「自民党が政権を取ったら、日銀に異次元の金融緩和を求める」という12年11月半ばの発言までの4年強もの期間、低迷で留まるどころか19％も低下する状況では、デフレを脱却することも、失業率を引き下げることもできません。

株価の上昇は資産効果により消費を増大させ、資本コストを引き下げることにより、企業設備投資の増加をもたらす経路を通じて、総需要を拡大させ、雇用を改善する効果があるのです。この効果は、英米ユーロでは発揮されました。しかし、日本では、14年と19年の二回の消費増税と緊縮財政とが「量的・質的金融緩和」の需要拡大効果を削いでしまったため、失業率の大幅低下には成功しましたが、2％の物価安定目標は達成できていません（23年8月現在）。この点については、第7章で説明します。

金融政策により「所得や資産の平等化」はできない

すでに述べたように、金融緩和政策の目的は「物価の安定を通じて雇用の安定化を図ること」です。これは金融政策の機能でもあります。しかし、金融政策には「所得の平等化」を進めたり、「格差の拡大を防止」したりする機能はありません。当然のことですが、金融政策は何でも解決する魔法の杖ではないのです。金融政策に「所得の平等化」を求めたり、「格差の拡大防止」を求めたりするのは、そもそも、お門違いなのです。

「所得の平等化」や「格差の拡大を防止」する政策は、金融政策ではなく、財政政策の仕事です。

経済政策には得手不得手がある――「経済政策の割当原理」

ここで、読者が右に言及した「アマゾンの匿名レビュアー」や日曜朝のモーニングショーの評論家のように、金融政策を見当違いの視点から評価するという過ちを犯さないために、是非とも理解しておいていただきたい「経済政策の割当原理」について、説明しておきます。

第一の「経済政策の割当原理」は、「独立した複数の目的を達成するためには、複数の経済政策が必要である」という原理です。

第二の「経済政策の割当原理」は、「経済政策の目的を達成するうえで、相対的（他の経済政策に比べて、という意味）に有効な経済政策を採用する」という原理です。この原理は、簡単に言うと、経済政策には得手不得手があるということです。

右の二つの「経済政策の割当原理」の視点から、「量的・質的金融緩和は、株価を引き上げただけで、賃金が上がらず、格差を拡大させただけだ」という批判の妥当性を考えましょう。

この批判は、金融緩和政策に対して、「賃金の引き上げ」と「格差拡大の防止」とを求めています。つまり、達成したい目的は複数です。ある一つの経済政策によって、「賃金が上がれば、格差が縮小する」のであれば、これら二つの目的は独立ではないといいます。しかし、これらの二つの目的を一つの経済政策で達成することはできません。したがって、これら二つの目的は「独立した目的」です。そうであれば、第一の「経済政策の割当原理」から、複数の経済政策が必要になります。

複数の経済政策が必要であるとすると、第二の「経済政策の割当原理」から見て、複数存在する経済政策のうち、「賃金引き上げ」については、「賃金引き上げに対して、相対的に有効な政策を割り当てる」ことが重要であることがわかります。

これに対する主流派経済学の回答は、「賃金引き上げに、相対的に有効の経済政策は、需要不足を解消する財政金融政策を実施したうえで、企業の参入規制や価格規制や各種の保護規制などを撤廃する規制改革と企業を競争から保護する税制や補助金の撤廃とにより、企業を競争的環境に置くことである」です。

これをまとめて言えば、需要不足を解消する財政金融政策を実施するという条件付きで、「賃金引き上げに有効な経済政策は、公正な競争政策である」ということです。

もう一つの「所得の平等化」や「格差の縮小」に相対的に有効な経済政策に対する主流派経済学の回答は、「個人を対象とする所得再分配政策」です。最近、話題になっている「ベーシック・インカム」政策はその候補として、考慮に値する政策です。あるいは、累進的所得課税や相続税の増税も有力候補です。一方、消費税は工夫を施さなければ、「所得の平等化」と相反する政策です。

それに対して、「量的緩和は、株価を引き上げることによって、格差拡大をもたらした」として、「量的緩和」を否定するのはお門違いです。「量的緩和によって生ずる株価上昇による格差拡大」を是正したいのであれば、「量的緩和」を批判してその中止を求めるのではなく、第二の「経済政策の割当原理」からみて、「株式譲渡所得税や配当所得税の税率の引き上げ」を主張することが妥当です。

ただし、「株式譲渡所得税や配当所得税の税率の引き上げ」のような「所得再分配政策」には、

「経済の効率性を低下させ、所得再分配の基になる国民全体の所得を引き下げてしまう」とか「投資家が資金を外国に移動してしまう」といった副作用が伴う可能性があります。したがって、そのような政策を提案するのであれば、主流派の「ミクロ経済学」をしっかり学んで、その副作用がどの程度か、その副作用を回避するためには、別の経済政策を同時に採用する必要があるのではないか、といった問題を、経済学的に吟味するだけの能力を備えていなければなりません。

格差問題は、本書のような小冊子では論じきれませんが、実は、アマゾンの匿名レビュアーが批判している、私の『日本型格差社会」からの脱却』には、「賃金を引き上げるための経済政策」と「格差を縮小する経済政策」に関する提案が示されています。しかし、残念なことに、アマゾン匿名レビュアーとそれに賛成する読者は、「経済政策の割当原理」を知らずに、私のことを「『量的・質的緩和』により株価を引き上げて、格差を拡大させた張本人だ」と決めつけています。そのため、私の提案に耳を傾けようとしないようです。

格差問題は、拙著『資本主義経済の未来』(夕日書房)でも扱っていますので、「格差問題」に関心のある読者には是非一読していただきたいと思います。

実際に実施されている経済政策が効果を発揮しなかったり、「格差拡大」のような副作用が放置されたりするのは、採用されている経済政策が右に述べた二つの「経済政策の割当原理」を満たしていないからです。

マネーゲームをどう考えるか――株主資本の有益な役割

次に、右に言及した、日曜朝のモーニングショーでいつも「この点を注視する必要がある」という常連評論家の「マネーゲーム批判」について考えてみましょう。この評論家は「マネーゲームとはなにか」を説明したことがないので、その考えを経済学的に検討することは本来できませんが、「量的・質的金融緩和は株価を上げげただけだ」と述べていますから、マネーゲームとは株式投資のことを指していると考えられます。あるいは、投資と投機を区別して、株式投機をマネーゲームと言っているのかもしれません。

読者の中には、「株で儲けるのは、不労所得で、怪しからん」と思われている方もおられると思います。しかし、株式は経済の発展や私たちの暮らしにとって、なくてはならない重要な役割を担っているのです。このことを、新型コロナワクチンを例にとって示しておきましょう。

新型コロナ感染が発覚したのは2020年1月でしたが、米製薬会社ファイザーと独バイオ企業ビオンテックが協同開発したmRNAワクチンの接種が始まったのは2020年12月です。わずか、11カ月で効果的なワクチン接種が始まるとは、mRNAを開発した人たち以外、誰が想像したでしょうか。

この開発には、長期にわたる研究の蓄積が必要でしたが、それが果たして製品化できるかどうか、さらに、そもそも、製品化することで利潤を得る機会が到来するかどうか（つまり、新型コロナパンデミックが起きるかどうか）は、極めて不確実性の高い現象です。製品化する機会が到来し、かつ、製品化することに成功しなければ、長期にわたる研究は無駄に終わってしまう可能性があります。このように、成功するかどうかが極めて不確実な場合、その研究開発活動を支える資金は、ほかならぬ、株主資本（株主が払い込んだ資本金等と過去から積み上げた利益剰余金。利益剰余金については、第9章を参照）なのです。

株主資本を提供する投資家、すなわち、株主は研究が日の目を見ない間、一銭の配当がなくても我慢してくれます。また、提供した資本の返済も求めません。それに対して、負債資本（銀行からの借入金など）は、定期的に利払いを求め、契約期間が到来すれば全額返済を求めます。したがって、製薬会社は株主資本で資本を調達できないかぎり、ワクチンのような成功するかどうかが不確実で、巨額な資金を必要とする研究開発投資に取り組むことはできません。

株主資本は家族や知人から調達することもできますが、株主資本を供給した投資家の中には、いつまでもリスクをとれず、株式を売って、換金し、資金を別の用途に使いたい投資家も少なくありません。そうした投資家の要望に応えて、株式の換金化を容易にしてくれる、すなわち、株式の流動化を可能にしてくれるのが、株式証券取引所です。

ここで、投資と投機との関係を述べておきましょう。経済学では、「投機とは異時点間の価格の変化から利益を得ようとする行為」と定義されます。それに対して、世間一般では、投機とはごく短期間、株式など価格の変化する資産（以下、危険資産といいます）を保有した後に、売却して利益を得ようとする行動を指しています。他方、投資とは長期間、危険資産を保有して、利益を得ようとする行動を指します。しかし、短期と長期とを合理的に区別することは不可能ですから、実は、投機と投資とを区別する意義はないのです。

それに対して、ジョン・メイナード・ケインズは『雇用・利子および貨幣の一般理論』で、「もし投機（speculation）という言葉を市場の心理を予測する活動に当て、企業（enterprise）という言葉を資産の全存続期間にわたる予想収益を予測する活動に当てることが許されるなら、投機が企業以上に優位を占めるということは必ずしもつねに事実ではない。しかし、投資市場の組織が改善されるにつれて、投機が優位を占める危険は事実増大する。……投機家は、企業の着実な流れに浮かぶ泡沫としてならば、なんの害も与えないであろう。しかし、企業が投機の渦巻のなかの泡沫となると、事実は重大である。一国の資本発展が賭博場の活動の副産物となった場合には、仕事はうまくいきそうにない」（塩野谷祐一訳、東洋経済新報社、159頁）と述べて、投機が企業よりも優位になる危険性に言及しています。

いま述べたケインズの指摘は、偉大な経済学者ケインズが「マネーゲーム」や「投機」を否定した言葉であるとして、「マネーゲーム」や「投機」を非難する人がよく引用する文章です。

しかし、「マネーゲーム」や「投機」の批判者は、ケインズが右の文章に続けて述べていることには決して触れようとしません。すなわち、ケインズは続けて次のように述べているのです。

「私は時々、投資物件の購入を、あたかも結婚のように、死とかその他の重大な原因による以外には解消することのできない恒久的なものにすることが、おそらく今日の害悪を救う有効な方策となるであろう、という結論に駆りやられた。なぜなら、このようにすれば、投資家は長期予想に、しかも長期予想のみに注意を向けざるをえないからである。しかしこの方策を少し考察してみると、われわれはディレンマに直面し、投資市場の流動性は時には新投資の発展を阻害することがあるけれども、しばしばその発展を促進していることが分るのである。なぜなら、個々の投資家はめいめい自分の契約を『流動的』であると思い込んでいる（このことはすべての投資家全体には当てはまらないが）ために、彼の神経は静まり、彼はいっそう進んで危険を冒すことになるからである。もし個人による投資物件の購入が非流動的なものになると、そのことは、個人にとって自分の貯蓄を保有する代わりの方法があるかぎり、新投資を著しく阻害するであろう。これがディレンマである。個人が彼の富を貨幣の保蔵または貸付に使用することができる以上、現実の資本資産（設備や工場など――岩田注）を購入するという方法を十分魅力的なものにする（とくに、資本資産を管理せず、それらについてまったく知識をもたない人に対して）には、これらの資産を簡単に貨幣に換えることのできる市場を組織するよりほかに途はない」（邦訳161頁）。

右のケインズの文章が言いたいことを解説しておきましょう。右の文章の「資本資産」とは、企業が設備投資によって獲得した固定資産や研究開発投資によって獲得した知識資産（無形資産の一種）を指しています。仮に、株式が存在しないとすると、企業家が貨幣を必要とするときには、これらの資本資産を売却しなければなりません。しかし、これらの資本資産を市場で取引することは、不動産市場のように発達した市場が存在しないために、きわめて困難です。この困難さは、企業家が資本資産に投資することを躊躇させる大きな要因です。

それに対して、企業家が株式を発行して得た貨幣で、資本資産に投資する場合には、資本資産の所有権は株式投資家に移転され、企業家はその資本資産の管理・運営者になります。ただし、企業家が株式の一部を所有して、株式投資家を兼ねることもあります。

株式投資家が証券取引所で株式を売却することは、他の株式投資家に資本資産の所有権を移転することです。しかし、この所有権の移転があっても、企業家は当該の資本資産の管理・運営を続けることができます。それに対して、証券取引所が存在しなければ、株式投資家は貨幣が必要になるときに、自分で当該株式を購入してくれる人を探さなければなりません。これはかなり困難なことです。そうであれば、人々は株式よりもいつでも必要なものと交換できる貨幣を持とうとするでしょう。そうなると、企業家は自分自身の資金だけで資本資産に投資しなければならなくなります。企業家が持っている資金には限界があるので、小規模な資本資産を購入するしかありません。これは、日本の農家や飲食店のような零細企業に典型的に見られる現象です。

右に述べたことからわかるように、いつでも換金可能であるという意味で、流動性の高い証券市場が存在し、件の評論家が「マネーゲーム」とさげすむ「ゲーム」ができるからこそ、ファイザー社のように、株主資本で資金調達して、大きなリスクを取って、新型コロナ感染が発覚してから、11カ月後という速さで、新型コロナワクチンの製品化に成功できたのです。

mRNAワクチンの開発に多大な貢献を果たした、ハンガリー人の女性科学者カタリン・カリコー（Katalin Kariko）氏（ビオンテック社の副社長。22年現在）は、ハンガリー科学アカデミーの講演で、「もしもこのパンデミックが起こらなかったら、私は今日ここにはいなかったでしょう。もちろんパンデミックは起きてほしくありませんでしたが。でもこうなった今、私は今日皆さんに今までの成り行きといきさつをお話しすることができ、mRNA療法の背景とその応用について語ることができました」（Prof. Katalin KARIKO'S speech on mRNA vaccine research）と述べています。

新型コロナのパンデミックが起きなかったならば、カリコー氏の研究成果がこれほど大きな貢献を成し遂げることも、ファイザー社とビオンテック社が巨額の開発研究投資資金を回収し、さらに今後、さらなる研究を続けることも、実際に起きたことよりもはるかに難しくなったでしょう。製薬会社がこうした大きなリスクを負って、新薬の開発に取り組めるのは、株式投資家の資金供給があるからなのです。ファイザー社とビオンテック社はmRNAワクチンの供給で、巨額の利潤を上げたでしょう。ファイザー社はその巨額な利潤をファンドとして、ファイザー・ベンチャーズへ研究資金を供給し、神経科学分野などへの投資を支援しています。つまり、ファイザー社自体が資本資産の管理・運営者であるとともに、株式投資家なのです。

このように、株式投資の意義も知らずに、「マネーゲーム」だとさげすむ評論家が、司会者の隣に座って、いつまでたってもテレビ番組から淘汰されないのは、多くの人がこの評論家と同じレベルの経済知識しか持っていないからではないでしょうか。

欠点にのみ注目して、全否定することを戒める

株式などの証券市場における投機は、行き過ぎると、バブルを引き起こし、その崩壊後に、深刻な不況をもたらすことがあります。これは、ケインズが指摘した「企業が投機の渦巻のなかの泡沫となる」状況であり、流動性の高い証券市場の欠点です。しかし、流動性の高い証券市場は、通常は有益な機能を果たします。したがって、欠点にのみ注目して、流動性の高い証券市場の存在を悪として、葬り去るべきではありません。欠点を最小限にとどめて、有効性を維持することを考える

べきです。欠点のみに注目すると、どんな政策にも欠点（副作用）がありますから、どの政策も採用できなくなってしまいます。

このことは、子育てや教育にも当てはまります。子供の欠点にのみ注目して子育てや教育を進めると、どの子供もその潜在的な才能を開花させることができなくなってしまいます。

ドイツが起源であるという説がある「風呂桶の湯と一緒に赤ん坊を流してしまう」という諺がありますが、その含意は、「悪いものを取り除こうとして、良いものまで消し去ってしまうことを避けよ」ということです。

「角を矯めて牛を殺す」という諺も同じ含意を持っています。

したがって、「マネーゲーム」批判者がすべきことは、「企業が投機の渦巻のなかの泡沫となる」ことを避けながら、流動性の高い証券市場を維持するためには、どのような政策が有効かを考えることです。

件の評論家のように、もっぱら、「この点を注視」していれば済む話ではないのです。読者には、「この点を注視する必要がある」という言葉は、何も対応策を考えられない人が使う常套句であることを、見抜いてほしいと思います。

私は、今、問題にしている対策としては、「投資家の投機を促進する銀行の行き過ぎた貸付を抑制するために、銀行の自己資本比率を株価の上昇につれて引き上げるという、自己資本比率規制の強化が有効である」と考えています。この規制改革案をここで詳しく説明する余裕はありませんが、興味のある読者は拙著『資本主義経済の未来』（第6章263～264頁）を参照してください。なお、この規制改革案の作成者は、23年3月末に、日銀副総裁に就任した氷見野良三氏です。

この章では、「経済学の道しるべ」に沿って歩む場合に、基本的に知っておくべき事柄について述べました。以下の章では、経済と政治や選挙と経済など、私たちの生活に密接な事柄を取り上げつつ、マスメディアやSNSなどから流れる「誤った経済情報」を取り上げて、主流派経済学、すなわち世界標準の経済学の立場から、それらの誤りを糺し、読者が経済の仕組みを正しく理解できるように、説明していきたいと思います。

第2章　政治と経済

私たちの生活は、どのような政治が実施されるかと密接に関連しています。とくに、生活の経済面での政治による影響は大きなものがあります。この章で示すように、国民も政治を評価するうえで、経済を重視しています。

1　国民の政治の評価基準

何を重視して政治を評価しているか

日本人は政治をどのような基準で評価しているのでしょうか。内閣府の世論調査である「国の政策への民意の反映程度」をみると、1982年から2020年までの間、「民意が反映されている」の平均は26％でしかないのに対して、「民意が反映されていない」の平均は68％に達し、残りは「わからない」です。これから判断する限り、日本人はあまり政治を信用していないようです。80年代以降で、政権担当在職期間中「民意が反映されている」割合の平均値が30％以上だったのは、中曽根康弘政権と第二次安倍晋三政権だけです。中曽根政権（83年から87年。82年は11月27日から12月31日の短期間なので含めません）は34％で、安倍政権（２０１３年から19年。20年は9月に辞任しているので含めません）は30％です。

小泉純一郎政権については、最も支持率が高かったと思われる01年のデータが欠如しているためわかりませんが、参考までに、02年から05年（06年は9月26日に辞任しているので、含めません）の期間についてみると、「民意を反映している」割合は19％で、「劇場型政治」とか郵政民営化選挙の際の「刺客」などと話題が大きかった割には、歴代政権の平均以下です。おそらく、01年のデータがあれば、もっと高かったと思われます。

それでは、中曽根政権の評価が他の政権よりも高かったのはなぜでしょうか。その理由はおそらく高い経済成長であったと思われます。当時は、バブル景気に沸いて、日本人が有頂天になった時代です。政権担当期間の実質成長率と一人当たり実質成長率の年平均は4・2％と3・6％で、90年代以降の「失われた20年」あるいは「失われた30年」から見ると信じられないくらいの高い経済成長でした。

一方、第二次安倍政権の評価が１９８２年から２０２０年までの平均を超えたのは、実質成長率（政権担当期間の平均、０・９％）も一人当たり実質成長率（同、１・１％）も中曽根政権に比べれば低調でしたが、雇用が大きく回復したためではないかと推測されます。アベノミクスが始まる前年の、民主党政権の最後の年である12年の失業率と有効求人倍率（除くパート）および正規社員の有効求人倍率は、それぞれ、4・3％、0・69倍、0・43倍という状況でした。これらの雇用の状況を示す数値が、19年は、それぞれ、2・4％、1・51倍、1・14倍へと大きく改善しました。とくに若者の雇用が大きく改善したことが注目されます。12年の15歳から24歳の若者の失業率は、8・1％でしたが、13年からのアベノミクスの期間に毎年低下し続け、19年には3・8％まで低下したのです。

安倍内閣と菅内閣は若者世代の支持率が高い

21年8月9日の日本経済新聞（オンライン）は次のように述べています。

「2012年12月の政権交代以降、安倍晋三内閣も菅義偉内閣も若年層の支持率が高い。12年12月からの安倍内閣と20年9月からの菅内閣について、世論調査で『支持する』と答えた人の割合を調べた。安倍内閣は平均で53％だった。世代別で最高は29歳以下（対象は16年3月まで20～29歳、同年4月以降は18～29歳）の59％だ。

70歳前までは上の世代ほど支持率が低くなる。30歳代は58％、40歳代は55％、50歳代は平均と同じ53％。60歳代は全世代で最低の49％で、70歳以上は52％になった。

菅内閣は直近の調査の21年7月までで平均は48％だった。最も高い世代は29歳以下で58％、最低は60歳代と70歳以上の46％で、世代別の特徴は安倍内閣と似ている。

当初から、こうした傾向があったわけではない。第二次安倍政権が発足した直後の12年12月の調査では30歳代の支持率は53％と、全世代平均の62％を9ポイント下回っていた。最も支持が高かったのは71%を記録した70歳以上だった」。

　安倍内閣と菅内閣の若い世代の支持率が高い理由について、同新聞は「働く世代が経済面の恩恵を感じたから」との指摘があることに言及しています。アベノミクスで若者世代の雇用が大きく改善したことはすでに述べましたが、同新聞は「菅内閣では携帯電話料金の引き下げや不妊治療への支援拡充などを進め」たことを挙げて、「雇用や生活に関わる政策は現役世代が評価する」と述べています。

民主党菅内閣はなぜ短命に終わったのか

　2010年6月8日から11年9月2日まで、民主党政権で首相を務めた菅直人氏は、民主党代表選で、「一に雇用、二に雇用、三に雇用」と叫んで、代表になった人です。しかし、有効求人倍率（除くパート）は首相になった10年6月の0・51倍から首相を辞める11年9月2日の前月8月に、やっと0・64倍まで上がったに過ぎず、雇用はほとんど改善せずに終わってしまいました。それに加えて、不運にも前代未聞の原発事故を伴った東日本大震災が起き、その対応の拙さが祟ったためか、政権発足当時、61%もあった支持率は、政権末期の11年8月には18%まで低下してしまい、政権は1年3カ月しかもちませんでした。

経済を重視しないと政治は評価されない

　右に述べたことは、国民の政治に対する評価と経済の関係を示しているわかりやすい例です。そこで、戦後、経済の面で最も功績が大きかったと思われる池田勇人政権について考えてみましょう。

日本は1955年頃から73年頃までの19年間にもわたって、いわゆる高度経済成長（56年〜73年の年平均実質GNP成長率は8・9％）が続きました。

日本では、岸信介内閣時代の59年から60年にかけて、安保闘争が起き、社会は大きな混乱に陥りました。岸政権下の社会的混乱の後を継いで首相になった池田勇人氏（在職期間は60年7月から64年11月）は、10年間で所得（実質GNP）を倍増するという「所得倍増計画」を発表し、日本の政治課題を安全保障から経済に切り替え、「低姿勢」と「寛容と忍耐」を信条とし、「経済の池田でございます」と言いながら、所得倍増政策に取り組みました。

池田首相は岸内閣時代に、安全保障政策をめぐって分断された日本を「物質的豊かさ」に向けて一致協力する社会に転換させようとしたのです。池田首相に言わせると、当時の日本は欧米に比べれば、まだまだ物質的に貧しく、物質的豊かさの面で欧米に追い付くことが、幸福への道だったのです。

それでは、当時の日本人は「所得倍増計画」によって物質的に豊かになったことに、大いに満足し、池田政権を強く支持していたでしょうか。

「所得倍増計画」が発表されたころ、私は17歳の高校生で、大学受験勉強中の身でしたが、この計画を聞いた時には、「そんなことは不可能だ」と思いつつも、所得が倍増するとどんな生活ができるのだろうかと想像してみました。

60年代には、アメリカのテレビ映画が日本でも多く放映され、視聴率も概して高かったようです。

人気番組はザ・ルーシー・ショー、サーフサイド6、ルート66、サンセット77、ベン・ケーシー、刑事コロンボなどですが、私は「奥さまは魔女」を毎週楽しみにしていました。この番組の出だしはいつも「奥様の名前はサマンサ。そして、旦那様の名前はダーリン。ごく普通のふたりは、ごく普通の恋をし、ごく普通の結婚をしました。でも、ただひとつ違っていたのは、奥様は…魔女だったのです」というナレーションです。

なぜこんな話を持ち出したかというと、当時の日本人はこれらのテレビ映画から「アメリカの人たちの裕福な生活」を知って憧れ、「所得倍増計画」が成功したら、ひょっとすると自分たちもテレビに映し出されるアメリカの裕福な生活が送れるのではないかと、想像をたくましくしていたからです。

池田首相は64年9月に喉頭がんで入院し、64年11月には退陣し、65年8月に逝去されました。そのため、池田氏自身は所得が倍増した状況を見ることができませんでしたが、池田首相の在職期間である60年から64年の間の年平均実質GNP成長率は10・5%に達し、64年の実質GNPは60年の1・5倍に達していました。所得（実質GNP）が倍になったのは、池田首相の死から4年後の68年（60年の2・1倍）です。所得は8年で2倍を超えたのですから、計画よりも2年早く達成したことになります。

戦後、政府はさまざまな経済計画を発表しましたが、実際に達成された計画（しかも計画達成期間前に達成）は池田政権の「所得倍増計画」だけです。

「所得倍増計画」時代は、55年頃から始まった電気洗濯機、電気冷蔵庫、テレビ（白黒）が普及し、

66年頃からは、カー、クーラー、カラーテレビの3Cが普及した時代で、まさにアメリカ型生活スタイルに近づいた時代です。

しかし、日本では、アメリカのテレビ映画に登場するような芝生とプール付きの一戸建て住宅は実現せず、狭い住宅で我慢しなければならない時代が続きました。これは日本の地価が高すぎたためです。そこで、私が大学院生の頃から取り組んだ最初の研究課題は「土地・住宅問題」でした。この問題が解決できれば、日本人の生活はアメリカの中流家庭並みの水準に近づけると考えたのです。

それでは、当時の人々は高度経済成長をもたらした経済政策をどのように評価したでしょうか。内閣府『国民生活に関する世論調査』からデータが得られる最初の年度である64年以降の「国民の生活に関する満足度」を見ると、「満足している」という回答比率は64年から66年にかけては、意外にも若干低下しています。しかし、67年から上昇に転じ、70年まで上昇し続けました。71年はやや大きく低下していますが、その後73年までは上昇しています。71年に低下したのは、71年後半に景気が過熱して物価が上昇し始めたため、財政金融政策を引き締めたことによるものと思われます。この政策の結果、景気が後退し、実質成長率も前年の10・4%から4・4%へと大きく低下しました。この景気の悪化が、71年に「国民の生活満足度」を低下させた要因と思われます。

いま述べた「国民の生活満足度」の変化は、次のように解釈できるでしょう。経済成長が高まっても、直ちには家電製品などを購入できる世帯が増えるわけではありません。したがって、「生活の満足度」は一部の人しか上がりません。しかし、成長が進み、実際に家電製品などを購入できる人々が増加するにつれて、多くの人が満足を感ずるようになりました。

そうであれば、高い経済成長をもたらす政治は高く評価されるといってよいでしょう。ただし、後述するように、経済成長の中身と経済成長の恩恵を受けられる人々がどのように分布しているかが問題です。

高度経済成長の終焉——石油ショック説

60年代以降の高度経済成長は、残念ながら、「土地・住宅問題」が解決される前に終わりを告げてしまいました。

高度経済成長が終わった原因としては、73年秋に起きた石油ショックであるという考え方があります。この説の考え方はこうです。73年10月に勃発した第四次中東戦争の際に、石油産出国が石油供給量を大幅に制限して、その価格を3カ月で4倍にも引き上げるという戦略をとりました。そのため、エネルギー源を全面的に中東に頼ってきた日本経済は74年に、戦後初めてマイナス成長に陥るほどの負のショックを受け、その後の日本経済に対する成長期待が大きく萎んでしまいました。そのことが、高度経済成長が突如として終焉した理由である、というのです。

私も多くの日本人と同じく暗い気持ちになり、当時勤め始めたばかりの上智大学での岩田ゼミの生徒も沈んで、ゼミはまるでお通夜のようでした。

日本中が一挙に暗くなってしまった状況の中、日本経済新聞の「経済教室」に、当時、アメリカの最も有名な理論経済学者だったポール・サミュエルソンが寄稿した論文を発見しました。その論文の主旨は、「石油価格が高騰すれば、石油を節約したり、石油に代わるエネルギー源を開発したりする技術革新が進み、シェールガスのようなこれまで費用面できわめて不利だったエネルギー源もやがて開発されるようになるから、前途を悲観することはない」ということでした。

それを読んだ私は、サミュエルソンの予測は楽観過ぎるのではないかと感じましたが、実際に石油ショック後、日本のエネルギー節約（省エネと呼ばれました）は驚くべき速さで進みました。日本のGDP当たりのエネルギー消費量（エネルギー効率）は、73年から90年の17年間で、34％も減少したのです。

一方、シェールガス革命が起きるのは06年頃ですから、サミュエルソンの予測から30年以上かかったことになります。シェールガス革命が起きたのは、90年代には低下傾向にあった原油価格が04年頃から高騰し始めたためです。

経済学部専任講師になり立ての73年頃の私は、大学院で価格機構の原理を学んでいたものの、その代替効果や節約効果の強さに関して、まだまだ、サミュエルソンの段階に達していなかったのです。

高度経済成長終焉の原因は石油ショックではない？

しかし、高度経済成長が終わった主因は石油ショックではなく、70年代の規制強化や地方分散政策のせいであるという主張も有力です（八田達夫・八代尚宏編『「弱者」保護政策の経済分析』日本経済新聞社、1995年。原田泰『1970年体制の終焉』東洋経済新報社、1998年。増田悦佐『高度経済成長は復活できる』文藝春秋、2004年など)。

これが高度経済成長の終焉した主因であるとすると、責任は政治にあることになります。

くたばれGNP!

朝日新聞は70年に「くたばれGNP」という連載を組んで、GNPでは豊かさを測ることはできないというキャンペーンを張り、経済成長重視主義に疑問を呈し、世論形成とそれを通じて政治に大きな影響を及ぼしました。

60年代以降の経済成長がもたらした最大の負の側面は、公害です。水俣病、新潟水俣病、イタイイタイ病、四日市ぜんそくは四大公害と呼ばれて、多くの人に深刻な健康被害をもたらしました。高度成長期には、当初、立ち並ぶ煙突は経済成長を象徴するものとして評価されていたのに、大気汚染の元凶として糾弾されるようになったのです。

田子の浦港へドロ公害などに代表される、工場や家庭からの排出水によって引き起こされた、河川、海、湖沼の水質汚染も深刻な問題でした。

自動車の普及は道路公害(騒音、大気汚染)をもたらし、新幹線と航空便の発達は周辺住民に対して深刻な騒音被害をもたらしました。

かくて、60年代から70年代初めは、公害訴訟が数々提起された時代で、「環境問題と公害訴訟における損害賠償の在り方」は、私の「土地・住宅問題」に加えたもう一つの研究課題になりました。

朝日新聞の「くたばれGNP」は、右に述べたような高度経済成長に伴って起きた多くの深刻な公害という負の側面に注目したものでした。これらの負の側面が放置されれば、経済成長が人々の生活を豊かにするとは限らないことは自明です。とくに、公害の犠牲になるのは公害を免れることができないような地域に住むしか選択の余地がない弱者であることが、問題を大きくします。

このように考えると、「くたばれＧＮＰ」とキャンペーンを張って、政治を変えようとする気持ちは十分理解できます。公害をもたらすような政策を実施する政治を批判することは、マスメディアの重要な役割だからです。

しかし、ＧＮＰがくたばれば、公害は減少するかもしれませんが、人々を豊かにする財やサービスも大きく減少してしまいます。そうであれば、「公害の解決はＧＮＰをくたばらせることではなく、ＧＮＰを構成するモノやサービスを、公害をもたらさないものにし、そうしたＧＮＰを人々の間にどう分配すれば、一人でも多くの人の生活の満足度を引き上げることができるかを考えること」が、「政治である」と理解できるでしょう。

公害は経済学では、市場の失敗の典型的な例で、それに対処する方法は、ピグー（Pigou, Arthur, C.〔1920〕*The Economics of Welfare*, London Macmillan 気賀健三ほか訳『ピグウ厚生経済学』、東洋経済新報社、１９５３－55年）によって言い尽くされており、経済学者（マルクス経済学者は除く）の間に意見の相違がない数少ない例です。

市場の失敗とは奇妙な言葉ですが、「そもそも市場が存在しないために、公害を引き起こすようなモノが過剰に生産される」ことを意味します。例えば、工場から河川や海に排出される水によって海水が汚染され、漁獲高が減少したとしましょう（田子の浦港へドロ公害はこの例）。この場合、工場で生産されるモノとそれを購入する人は市場で取引して、双方が納得した価格と量を決めています。ところが、工場が排水で海や河川を汚染して、漁獲高を減らす行為に関しては、工場と水質汚染被害者（今の例では、漁獲高の減少という損失を被る漁民）との間で、水質汚染被害に関する取引が行われていません。つまり、水質汚染被害を取引する市場が存在していないのです。この場合には、政治が水質汚染被害を取引する市場を創設する必要があります。この市場創設には二つの方式があります。第一は、水質汚染被害者が、水質汚染者である工場に排水量の減少に応じてお金を払う方法です。第二は、水質汚染者である工場が、汚染による漁獲高の減少に応じて損害賠償金を払うことです。

読者は、第一の被害者がお金を払う方法はとんでもないと思われるかもしれませんが、第一の方法でも第二の方法でも、汚染物質を含んだ工場の排水量は同じだけ減少することが証明されています。

しかし、いま述べた方法は、関係者が多くなるにつれて、話がまとまらなくなり、現実的な解決方法ではありません。したがって、実際には、政府が排出水に含まれる汚染物質の許容量を決めて、工場などの排水者を監視し、汚染物質の許容量を超えた工場に対して、罰則金の支払いと汚染物質排出量を許容量以下に抑制する命令を出すことが必要です。命令を遵守しないような工場に対する最終的手段は、操業の停止命令です。

この環境基準規制と政府による監視・罰則・操業禁止命令の組み合わせは、汚染物質排出に関して公的な市場を創設することを意味します。

このような政策をとれば、ＧＮＰを減らすことなく、公害を減らすことが可能になります。これは、ＧＮＰの中身を公害が発生しないモノやサービスに変えることに他なりません。ＧＮＰがくたばらなければ、公害がなくならないわけではないのです。

「まともな経済学」を身に着けることがよい政治の土壌

このように考えると、政府やマスメディアが「事実に基づいた、まともな経済学」を身につけることが、良い政治の土壌であることが理解できるでしょう。問題は、世の中には、あまりにも「事実に基づかない、まともでない経済知識」を流布する人が多く、そういう人ほどテレビや新聞などのマスメディアへの露出度が高いことです。これは、普通の人が経済学を理解することは難しいが、「まともでない経済知識」はわかりやすいためではないか、と私は疑っています。普通の人は、事実を確かめる方法を知らないか、忙しくて、事実かどうかを調べる時間がないのです。

2　低迷する日本の自称リベラル

立憲民主党の致命的欠陥は経済音痴

立憲民主党の支持率（ＮＨＫによる）は18年4月には、野党第一党としての名に恥じるものの、

8・5％ありましたが、その後、ほぼ一貫して低下しています。23年3月の参議院では、放送法の「政治的公平」をめぐる総務省の行政文書問題を持ち出して、高市早苗経済安全保障担当大臣に「辞任せよ」と連日迫って、久しぶりにお得意の「スキャンダル追及」で気を吐いたものの、同年4月の支持率はこの「スキャンダル追及」で上がるどころか、逆に、5・3％へと低下し、低下に歯止めがかかりません。

立憲民主党の支持率低下に歯止めがかからないのは、民主党政権時代の東日本大震災に対する対応の拙さなども影響していると思いますが、あまりにもひどい「経済音痴」のせいだと思います。

10年の民主党代表選で、菅直人氏が街頭演説で、「一に雇用、二に雇用、三に雇用」と叫んで闘っていました。しかし、菅直人政権（10年6月8日〜11年9月2日）の期間、就業者数は七万人減ってしまいました（11年8月と10年5月の差）。とくに、15歳〜24歳と25歳〜34歳という若い世代は、それぞれ、一四万人と四〇万人の減少です。

菅直人第二次改造内閣は、与謝野馨衆議院議員を内閣府特命担当大臣（経済財政等担当）に迎え入れました。与謝野氏は08年9月17日の自民党総裁選の街頭演説で、米証券大手リーマン・ブラザーズの経営破綻に関して「日本にももちろん影響はあるが、ハチが刺した程度。これで日本の金融機関が痛むことは絶対にない」と述べた人です（日本経済新聞、08年9月17日夕刊）。11年7月5日の与謝野内閣府特命担当大臣記者会見では、「1％程度の物価下落は労働所得を得ている人、年金所得者にとってはむしろプラスになっている」とも述べています。

こういう人を経済財政担当の大臣に迎えるということは、菅直人氏がいかに経済音痴であるかを示しています。

菅直人内閣が発足した10年6月のマネタリーベース供給残高は、リーマン・ショックが起きた前月の08年8月比で、日本1・1倍、アメリカ2・4倍、ユーロ1・5倍、イギリス2・6倍です。確かに、日本の金融政策は「蜂に刺された程度」への対応です。

公共投資は09年こそ前年比3・8%と増加しましたが、10年と11年はそれぞれ、2・7%と5・6%とも減らしています。リーマン・ショックという、百年に一度といわれた金融危機の最中に、金融政策が蜂に刺された程度の緩和しかせず、公共投資をこれだけ減らせば、雇用がよくなるはずがありません。

日本はリーマン・ショックの原因になったサブプライムローン担保証券にほとんど投資していなかったにもかかわらず、その実質成長率は09年から11年にかけて、マイナス6・2%、2・1%、マイナス1・6%と不振に陥ったのも当然です。リーマン・ショックの震源地のアメリカの09年、10年および11年の実質成長率は、マイナス2・6%、2・7%、1・6%で、日本よりもはるかに好調です。イギリス、ドイツ、フランスなどのG7国も同様に、日本ほど景気は落ち込みませんでした。

「1%程度の物価下落は労働所得を得ている人、年金所得者にとってはむしろプラスだ」という発言通り、11年の正社員の実質賃金は、名目賃金が上がる一方で、物価（名目賃金を実質化するときには、持ち家の帰属家賃を除いた総合物価指数を用います）が0・1%低下したため、1・3%上昇しました。しかし、非正社員の実質賃金は名目賃金が物価以上に下がったため、0・2%の低下です。このように、正社員の名目賃金はデフレ下でも下がりにくいため、実質賃金は上昇しがちです。これは、企業にとって正社員を雇う費用負担が上昇することを意味します。

一方、非正社員の名目賃金は雇用市場の需給に敏感に反応しますから、物価下落以上に低下し、その結果、実質賃金は低下します。そこで、企業は実質賃金の高い正社員の雇用を減らし、実質賃金の低い非正社員の雇用を増やすことによって、実質的な雇用費用負担を減らそうとします。したがって、新卒が正社員として就職することも難しくなります。実際に、11年は正社員が一九万人減少する一方で、非正社員は四九万人も増加しています。

このように、デフレは、雇用の安定という既得権益を持っている正社員を有利にし、そのような既得権益を持たず、雇用市場の悪化の犠牲になりやすい非正社員や新卒を痛めつける現象なのです。こうしたことを理解もせずに、「1%程度の物価下落は労働所得を得ている人にとってプラスだ」と言い放つ人を、「政界きっての経済政策通だ」といって、自民党からわざわざ引き抜いてきて、経済財政担当大臣に据えた菅直人政権の経済音痴ぶりは並大抵のものではありません。

さらに悪いことに、この「経済音痴」は野田佳彦内閣へと引き継がれ、デフレ下の消費増税路線が敷かれ、民主党から立憲民主党と看板を付け替えても、なお脈々と続いているのです。こんな党が万が一にも政権を取ったならば、日本は沈没します。

そもそも、週刊誌の与党スキャンダル暴露がなければ存在感を発揮できない党が、未だに存在することも自体、理解に苦しみます。

民主党「デフレ脱却議連」は「量的・質的金融緩和」を先取りしていた！

民主党とその後継政党である立憲民主党の致命的欠陥は「経済音痴」であると述べました。しかし、実は、民主党議員の中には、「まともな経済知識」を持っている人は少なくなかったのです。菅直人政権時代の10年7月30日には、一四〇人を超える民主党議員が「デフレから脱却し景気回復を図る議員連盟（通称、デフレ脱却議連）を結成し、次のように野田佳彦財務相（当時）に対して提言しています。以下の引用は同日のロイター通信からですが、驚くべきことに、日銀執行部が13年3月末に交代し、13年4月4日に導入した「量的・質的金融緩和」を先取りするものですので、長くなりますが、ほぼ全文を紹介します。

「民主党の有志議員による『デフレから脱却し景気回復を目指す議員連盟』（会長：松原仁衆院議員）は、デフレ脱却と経済成長の実現に向け、インフレ目標の導入などを柱とした提言をとりまとめ、同日昼、野田佳彦財務相に申し入れた。野田財務相は提言を受け、『真摯に受けとめる』と語った。提言では、デフレ脱却にはインフレターゲット政策などのリフレ政策が必須とし、政府が毎年、物価上昇目標を決定・公表して日銀に通達することなどを明記」した。

「午前に開催された同議連の総会では、松原会長が冒頭にあいさつし、日本経済の現在の最大の課題はデフレ脱却とし、先の参院選敗北の要因について『デフレ脱却の方策を打ち出すことなく、増税論議に持ち込んだことにある』と指摘。その上で、デフレ脱却に向けて『日銀はすべての手法をとっているとは言い難い。菅政権は日銀ときちんと向き合ってほしい』と訴えた」。

具体的内容を箇条書きすると以下のようになります。

①デフレから脱却し、内需拡大を図るには「積極的な金融緩和政策の策定と実行が不可欠」とする一方、「現在の日銀の金融政策からは、本気でこの未曾有の経済状況を克服しようとする思いが伝わってこない」と日銀の対応を批判し、大胆な金融政策運営を求める。
②具体策として、政府内に日本版ＣＥＡ（大統領経済諮問委員会）など経済政策の司令塔の設置を提言。そこに日銀総裁をオブザーバーとして参加させ、「政府と日銀の意思疎通の場とする」。
③インフレ目標は、政府が毎年、年末の予算編成にあわせて次年度の物価上昇率目標を決定・公表し、日銀に通達する。具体的な物価水準としては、消費者物価指数（ＣＰＩ）で「プラス２％から３％の間」とし、日銀に対して目標の「上下１％以内に維持することを課す」とした。
④こうしたインフレ目標を「直ちに導入し、日銀が（目標を）達成できなかった場合に説明責任を課す」。
⑤達成手段については、日銀の自主性を維持しながらも、長期国債買い切りオペの増額や「場合によっては、株式、ＲＥＩＴ（不動産投資信託）、中小企業を含む低格付けのＣＰ・社債も対象にすべき」と指摘。金融機関の企業向けローン債権の購入も検討すべき。
⑥日銀のガバナンス向上のため、「デフレ・円高不況の原因は日銀による金融失政」と位置づけ、金融政策の目標に「雇用の最大化（失業の最小化）」を加える。
⑦デフレ傾向を強める現在の円高への対応については、為替市場介入ではなく、金融緩和の結果として適切な水準に収めるべき。
⑧日銀政策委員の審議委員について「これまでの業界代表を指名していたやり方をあらため、金

融や経済の専門家を中心に指名し、活性化を図る」ことが必要。

日銀が13年4月から実施開始した「量的・質的金融緩和」は、右の「デフレ脱却議連」の提案をパクッたかのように見えます。

デフレ脱却議連は、11年2月23日に「日銀法改正とインフレターゲット政策」の実現を目指す「超党派の議員立法で緊急緩和によるデフレ脱却を目的とした議員連盟」へと発展しました。かねてから、日銀の金融政策を批判してきた、山本幸三自民党衆議院議員、渡辺喜美みんなの党代表、中川秀直元自民党幹事長なども参加しています。

しかし、一四〇人を超える民主党員議員が右のような提案をしていたにもかかわらず、かれらの意見は民主党の政策にはまったく取り入れられず、執行部は「デフレ脱却議連」が反対していた消費増税による財政再建路線を突き進めたのです。

ラストチャンスを逃した11年8月の民主党代表選

民主党が生き返るラストチャンスは、菅直人民主党代表辞任後に行われた11年8月29日の民主党代表選挙です。この時、馬淵澄夫前国土交通大臣が私の学習院大学の研究室に来られ、「インフレターゲット導入と消費増税反対を掲げて、民主党代表選に立候補する」と宣言されたのです。しかし、馬淵衆議院議員はその代表選の決選投票にも残れず、野田佳彦財務大臣が代表に選ばれました。

その結果、民主党は生き返るラストチャンスを逃し、泡沫政党への道を歩むことになります。

その後の衆議院と参議院の選挙のたびに、「デフレ脱却議連」の民主党員は落選し、引退してしまった方も少なくありません。いつまでたっても、昔の人が中心を占めていて代わり映えがしないのが、民主党とその後継の立憲民主党です。

23年7月現在、残っているまともな立憲民主党議員は馬淵澄夫衆議院議員くらいしかいません。馬淵議員は、第二次安倍晋三内閣が「第一の矢で、大胆な金融政策」を日銀に実施させることに成功した時、私に「実に悔しい」という趣旨のメールを送られてきました。

馬淵議員は「インフレターゲット」の採用だけでなく、消費増税路線がまだ固まっていなかった11年の時点での消費増税反対ですから、私は、馬淵政権が誕生していたら、デフレからの完全脱却に成功したであろうと思います。消費増税を実施した安倍政権よりも、馬淵政権の方が日本経済の完全復活を果たせたのではないかというのが、私の本音です。

私は常々、馬淵議員に「立憲民主党にいても、馬淵さんの経済政策が実現する見込みはゼロなのに、なぜ、立憲民主党にいるんですか」と尋ねるのですが、明快なお答えを得ていません。おそらく、「集団的自衛権」に関して、譲れない点があるのではないかと推測しています。

この章では、国民が政治に求めていることは、安全保障といった外交や防衛に関する問題もありますが、何よりも、安定した豊かな生活の実現という経済問題であることを、内閣府の世論調査などを参照しながら説明し、安定した豊かな生活を実現するには、政治家も国民も「まともな経済学」（第6章で示します）を身に付ける必要があることを示しました。

第3章　官僚政治と政治主導

政治は、民主主義手続きである選挙によって選ばれた政治家がするものです。しかし、「本来、政治をすべき政治家は政治をせず、実際は官僚が政治をしている」。なぜそうなるのでしょうか。この章では、官僚政治と政治主導をめぐる暗闘の世界を見ながら、問題の所在を明らかにしたいと思います。

1　官僚が政治を主導する原因

官僚の力の源泉

日本の歴代内閣の大臣や副大臣を見ていると、実に短期間で交代しています。大臣や副大臣を1年から2年程度あるいはそれ未満務めても、何がどうなっており、何をすべきであるかがわかるはずがありません。となれば、誰が政治を担うのか。担当官庁の官僚が担うしかありません。

私が官僚から聞いた範囲では、官僚にとって、「全く知識のない人が大臣になってくれるのが、一番ありがたい」そうです。それは、そういう大臣であれば、官僚の思う通りの政治ができるからです。

官僚と大臣とでは、担当すべき問題に関する知識量が比較できないほど異なります。官僚の知識は豊富ですが、なり立てほやほやの大臣の知識はほぼゼロです。

このように、政治家と比べた時の官僚の力の第一の源泉は、知識量が多いことです。要するに、関連する制度や業界の事情をよく知っているということです。

官僚の力の第二の源泉は、関連する業界の利益になるように配慮することです。官僚はその配慮による見返りを得ることができます。人間は基本的には、見返りなしに尽力することはありません。見返りが大きいほど、大きな努力を傾ける。見返りと尽力との間には、正の比例関係があります。

では、具体的な見返りとは何か。まずは、法に触れない範囲での贈答です。業者による飲食代などの支払いも贈答の一種です。もっと多くの見返りを受けようとする官僚は、法の範囲を超えた贈与を暗黙に要求します。具体的に言えば、賄賂を収受・要求・約束する収賄です。収賄は通常、暗黙裡のものであり、あからさまに要求することはありません。

官僚にとっての最大の見返りは、官庁を退職した時に、天下り先があることです。私は何人かの官僚から、「官僚が出世するかどうかは、天下り先を作ったかどうかで決まる」と聞いたことがあります。

ただし、2007年の改正国家公務員法（08年12月31日施行）で、次のような天下り規制が導入されました。①現職職員による再就職あっせんは全面禁止になり、官民人材交流センターへ一元化、②現職職員による利害関係企業等への求職活動を規制、③退職職員の働きを規制。

現在（23年8月）の官民人材交流センターの仕事は、中堅・シニア層（45歳以上）の国家公務員を対象とするオンライン（官民ジョブサイトといいます）による民間企業への紹介・仲介です。

以上のように天下り規制が施行され、官民ジョブサイトが開設されましたが、依然として、次のような問題が残っています。

第一に、在職中に利害関係企業等に対して求職活動することが規制される一方で、従来あった「離職後2年間、離職前5年間に在職していた国の機関と密接な関係にある営利企業の地位への再就職の原則禁止規制」（08年の改正国家公務員法施行前まで）が廃止されたため、在職期間中に利害関係企業等へ求職活動をしなければ、離職後、直ちに利害関係企業等へ再就職できるようになってしまいました。

もともと、在職期間中に利害関係企業等へあからさまに求職活動をすることはなく、暗黙裡の利益誘導という求職活動をしていたと思われますから、「離職後2年間と離職前5年間」の縛りがなくなったことは、利害関係会社等への天下りを容易にしてしまったのです。

第二に、17年に発覚したことですが、文部省が「現役出向」という手段を使って、多くの文部官僚が大学という利害関係そのものの組織へ天下りしていたことです。これは次のような手段です。まず、文部省を退職せず、現役のまま大学に出向し、一定期間後、文部省に戻り、翌日には退職金をもらって、退職し、出向先の大学に就職するのです。これは、大学への出向中は国家公務員ではないため、再就職活動が可能であるという盲点を突いた実質的天下りです。すでに述べたように、08年の国家公務員法改正法施行以前は、退職後2年間は職務に関係する大学や企業などへの再就職は原則禁止でしたが、08年から在職中の就職活動や省庁のあっせんがなければ違法ではなくなってしまいました。そのため「大学出向中に就職活動をし、1日だけ復職して再就職」することが可能になったのです。

官僚の力の第三の源泉は、政治家に本人の支援団体に有利な規制や補助金制度を作ったりして、優遇措置を施し、恩を売って、法律に基づかない告示や通達によって行政を進めることです。これらは本来法的拘束力がないにもかかわらず、民間企業等は「お上」に逆らうことを恐れてか、素直に従って行動しています。この通達行政は法治国家として、ゆゆしき事態です。

官僚の力の第四の源泉は、有識者から構成される審議会で、官僚が導入したい提案（新たな規制や許認可制度の創設など）を審議してもらい、お墨付きを得ることです。審議会の委員を選ぶのは官僚です。したがって、審議会とは官僚が官僚の意見に賛成してもらう人を審議会の委員に選び、そこで決定した提案を政府に答申する会です。提案者が提案の決定者でもあるという、検察官と弁護士と裁判官が同一人物のようなものです。

しかし、読者は審議会の委員は有識者なのだから、官僚の意のままにはならないのではないかと思われるでしょう。ところが、官僚の意のままにならない委員は、委員に選ばれないし、仮に官僚がそういう人を選んでしまったら、任期満了後はお払い箱になり、二度と選ばれることはありません。

以上の手続きを踏んで決定された規制と許認可権こそが、官僚の力の源泉です。

政策形成過程における政界（政治家）、官界（官僚）、財界の三業界の癒着構造は、鉄の三角形と呼ばれますが、これに、政府の審議会委員が加わった、鉄の四角形が官僚の力の源泉になっています。

政治主導に切り替えようとした小泉政権の評価

右に述べたような官僚主導型の政治を、政治主導型の政治に切り替えようとしたのが小泉純一郎政権です。小泉政権では、01年1月に内閣に設置された「経済財政諮問会議」が政治主導の場として活用されました。この会議は、経済財政政策に関する重要事項について、有識者等の優れた識見や知識を活用しつつ、内閣総理大臣のリーダーシップを十全に発揮することを目的として、内閣府に設置された合議制機関です。構成委員は、議長（内閣総理大臣）と一〇名の議員ですが、内閣官房長官と経済財政政策担当大臣以外の議員は法定されておらず、民間有識者の人数を確保することとされています。日本銀行総裁もメンバーです。

それでは、小泉政権時代の官邸主導政治はどのように評価できるでしょうか。小泉政権が終わる06年9月26日の直前に公表された内閣府『ここまで進んだ小泉改革――目で見る小泉改革の5年間』（内閣府、2006年8月）を参照しながら、評価してみましょう。

この報告書を見ると、小泉改革の基本理念は「改革なくして成長なし」、「民間でできることは民間に」、「地方でできることは地方に」の3点です。この理念のもとに、金融、規制、税制、歳出にわたる構造改革を進めました。

小泉改革といえば、解散選挙で国民の信を問うた「郵政民営化」でしょう。これは「民間でできることは民間に」の理念のもとに実施された改革です。

郵政民営化とは、国の機関である日本郵政公社を、日本郵政株式会社、郵便事業株式会社、郵便局株式会社、株式会社ゆうちょ銀行および株式会社かんぽ生命保険に分割して、それぞれを株式会社とすることです。07年10月に以上の5社に分割されました。しかし、民主党政権時代の12年10月に、郵便事業株式会社と郵便局株式会社とが統合されて日本郵便株式会社になり、窓口業務、手紙の集配業務を担当することになりました。これらの4社をまとめて「日本郵政グループ」といいます。

株式保有の構造は以下です。①日本郵政株式会社の政府持ち株を3分の1超とする。現在(23年)、政府(財務大臣名義)が発行済み株式の35%を保有しています。②日本郵便株式会社の株式は全額日本郵政株式会社が保有します。③日本郵政株式会社が保有しているゆうちょ銀行とかんぽ生命の株式は、その全部を処分して、完全民営化を目指すとされています。しかし、現在(23年)に至っても、日本郵政株式会社がゆうちょ銀行とかんぽ生命の総発行済株式数の、それぞれ62%と49%を保有しています。これでは、郵政民営化というにはほど遠い状況です。

郵便は全国的に同一料金で手紙・はがきを配達しなければならないため、郵便配達業務では十分利益を上げられません。郵政グループの稼ぎ頭は銀行業務で、全体の純利益の60%~70%を占めています。

それでは、不十分な民営化ですが、何か改善された点があったでしょうか。民営化後、郵便の翌日配達や土曜配達がなくなったとか、24時間営業店舗がなくなったなどの苦情が寄せられました。しかし、私はこの苦情は働く人への配慮を欠いており、「わがまま」であると思います。一般に、日本の消費者は要求水準が欧米に比べて高すぎます。どこかの経営者が「消費者は神様である」と言ったのがいけなかったのでしょうか。神様である消費者の要求水準が高すぎれば、働く人の労働密度は濃くなり（休憩時間も有給休暇も育休も取れない）、長時間労働にならざるを得ません。「わがまま」なサービスを求めるならば、それだけの価格を支払うべきです。ところが、日本では「サービス」は定義によって、無料で提供されるものです。例えば、日本では、スーパーで買い物をするとき、目的のものが見つからないときには、店員に聞くと、目的物の場所まで案内してくれます。私の経験では、欧米のスーパーでこんなサービスを無料でしてくれる店はありません。そもそも、頼みようにも、レジ以外に店員は全くといってよいほどいません。

郵政民営化で郵便代や手数料が上がったという苦情もよく聞きます。郵便は全国一律に同じ値段でサービスを提供する、というユニバーサル・サービスを要求されているため、都市部の人の負担で過疎地など人口の少ない地域の人の負担を軽減するように決められています。山奥に住んでいる人に届ける定形郵便物の料金が84円で済んでいるのは、都市部に住んでいる人同士であれば84円より安いにもかかわらず、84円を負担しているからです。このユニバーサル・サービスを維持する負担の仕組みのため、都市部に住む人にとって、84円は高すぎることになるのです。

この問題に対する私の提案は、過疎地など民間による郵便経営が成り立たない地域では、日本郵便株式会社を含めて、競争入札で、最も安い料金で郵便の集配業務サービスを提供する会社を決定し、その料金と都市部の郵便料金との差を公的に補助するというものです。競争入札でサービス提供会社を決めれば、公的補助を最小化できます。この入札制度であれば、ヤマト運輸などの民間企業が過疎地などの郵便事業に参入することが可能になります。

しかし、ここでネックになるのが、手紙などを輸送できる『一般信書郵便事業信書の扱い』における「全国に約10万本の信書便差出箱（ポスト）を設置する義務」です。これに対して、ヤマト運輸は「ユニバーサル・サービスについては、当社の取扱店は全国に20万店以上ありますから、これらの活用や、同じく全国に散在するコンビニ店の活用により、信書便差出箱を設置せずとも実現可能です」と反論しています。

右の郵便ポストの設置条件は、郵便局が信書の集配を独占したいがための条件ではないでしょうか。信書の集配を民間企業に任せるか、郵便局に任せるかは、消費者が決めればよい話だと思います。郵便局でなければ確実に信書が届くか心配な人は、郵便局を選べば良いだけの話です。

ところで、私は、郵政民営化後、郵便サービスは大きく改善されたのではないかと評価しています。例えば、不在で受け取れなかった郵便物を不在連絡票に従って配送依頼すると、夜の9時頃まで再送してくれます。全国一律料金で利用できるレターパックは、追跡サービス付きなので、大事な信書や書類を安心して送ることができます。

障がい者に対するサービスも大きく改善されました。例えば、音声ガイドや点字に対応したAT

Mが設置されるようになりました。電話リレーサービスを利用すると、カードや通帳等の紛失・盗難の届出や商品・サービスについての手続きおよび照会に関して、聴覚や発話に障がいのある人と聞こえる人との通話ができるようになったのです。

ここで、話が脱線しますが、大事なことですので、日本の消費者の要求水準が高すぎるという問題に戻ります。例えば、欧米では、スーパーなどの一部の店を除いて、5時にはたいていの店は閉まってしまいます。イタリアやスペインでは、夜の8時頃まで開いている店がありますが、かれらは午後の1時から3時頃まで昼休みを取っており、店は閉まっています。

しかし、経済学者である私が、「日本の消費者の要求水準は高すぎる」とお説教することですますのは、道徳を説くようなもので職業上許されません。経済学者である私がすべきことは、「日本の消費者の要求水準はなぜ高すぎるのか」を明らかにすることです。これに対する私の答えは、「0%台のインフレとデフレのせい」です。第7章で説明しますが、低インフレ・デフレ経済とは、財・サービスに対する需要が供給に対して不足しているため、供給者の交渉力が需要者よりも弱くなる経済です。そのため、企業は需要者である消費者の「安くて、質が良く、早いサービス要求」に応えなければ、顧客を失います。

そうしたサービスを提供する労働者は、労働需要が労働供給に比べて不足しているため、労働に対する需要者である企業に対して弱い立場に立たされます。そのため、労働者は企業が要求する密度の濃い労働サービスを供給しなければ、職を失う恐れがあります。要するに、低インフレ・デフレ経済では、企業は消費者に対して弱い立場にあり、労働者は雇い主である企業に対して弱い立場に立たされるということです。したがって、強すぎる消費者の要求水準を弱めるためには、低インフレ・デフレ経済からの脱却が必要です。そのための経済政策は第7章で説明します。

さて、『ここまで進んだ小泉改革』によると、郵政民営化のメリットは「約320兆円の郵貯・簡保の資金が民間向け資金として有効に活用され、経済の活性化につながる」ということでした。しかし、郵政民営化によって、このメリットが発揮されたとはいえません。ゆうちょ銀行もかんぽ生命も資金の運用先の中心は国債で、民間への資金供給はごく僅かです。ゆうちょ銀行は国債の金利が低すぎるため、外債投資を増やしており、資産運用上の為替リスクが増大しています。

郵政民営化の目的だった官から民への資金供給の転換が進まない主たる理由として、郵政グループが実質的に民営化されず、官僚の天下り天国になっていることが挙げられます。

07年に、郵政民営化が決まり、日本郵政グループが発足しましたが、そのときには、三井住友銀行の元頭取だった西川善文氏が日本郵政株式会社の初代社長に就任しました。しかし、09年に民主党鳩山由紀夫政権が誕生すると、郵政民営化に反対だった亀井静香氏が郵政改革担当大臣に就任し、郵政改革を大きく後退させました。西川氏を退任させて、後任の社長には大蔵省（現財務省）事務次官の齋藤次郎氏を据えたのです。この齋藤事務次官の天下りについては、後述します（72〜73頁）。

現在（23年）、日本郵政株式会社のトップは、総務大臣を二代にわたって務めた増田寛也氏であり、日本郵便とかんぽ生命のトップとゆうちょ銀行のナンバー2は、郵政省出身者です。専務取締役、常務取締役、取締役などもがっちり、郵政省や専売公社などの元官僚で固めています。

官僚はもともと予算を使う側ですから、集まった郵便貯金や生命保険料を運用して、稼ぐ能力を持っていません。日本郵政株式会社は政府の子会社で、ゆうちょ銀行とかんぽ生命の大株主は日本郵政株式会社ですから、いわば、政府の孫会社です。これでは、「親方日の丸」ですから、どんな稚拙な経営をしても破綻リスクがありません。もともと稼ぐ能力がない元官僚がトップや要職を固めて、「親方日の丸」の経営をすれば、資金を国債や外国債に運用するのが関の山で、民間に資金を流して利益を上げることは無理な話です。

それでは、18年3月までに1500項目以上に上ったという規制改革と認定数573件に上った「構造特区」の成果はどうでしょうか。

『ここまで進んだ小泉改革』によると、「90年代以降の規制改革による利用者メリット額は年間約14兆円、1人あたり約11万円に（内閣府試算、2002年度）」だったとのことです。小泉政権はこうした効果を発揮した規制改革を「医療、教育、保育等、生活に関わりの深い分野」に拡大して、「官製市場の民間開放を推進」するために、06年3月までの5年間で1500項目以上の規制改革を実施したといいます。

しかし、これらの分野での規制の専門家である八田達夫、八代尚宏、鈴木亘の各氏は、小泉政権以降もこれらの分野で有効な規制改革が実施されていないことを警告し続けています。しかし、この方々は厚生労働省や総務省の覚えがめでたくないため、これらの分野の審議会の委員から排除され続けています。

2　財務省の凄さと安倍元首相の暗闘

財務省の力の源泉

すでに、官僚の力の源泉には触れましたが、最強の官庁と言われる財務省の力の源泉は何でしょうか。財務省の力の源泉もすでに述べた官僚の力の源泉と共通しています。しかし、財務省にはそれ以上の力の源泉があります。

財務省独自の力の源泉の第一は、予算編成権を持っていることです。政治家は地元に有利な予算を配分してもらいたいと考えます。例えば、政治家は公共投資を地元に呼び込みたいと思いますが、地元近くの公共投資では効果的ではありません。地元を通り、かつ、高速道路であれば、出入口が地元になくては効果はありません。かつて、大野伴睦自民党副総裁は、東海道新幹線の停車予定駅が、自分の地元である岐阜県内に一つもないことに怒り、同新幹線の計画進路を変更させ、「岐阜羽島駅」を設置させたといわれます。同駅は東海道新幹線の駅では最も乗車人員が少ない駅ですが、同駅の前には、大野伴睦氏の銅像が立っています。

いま述べた点に関しては、「個所づけ」という不透明さが指摘されています。この問題は私が官僚から聞いた話で、真実であるという証拠も、今でも横行しているという証拠も持ち合わせませんが、次のような問題です。すなわち、国の補助事業については、工事個所を決める「個所づけ」がごく一部の官僚（財務省官僚が有力と思われます）によって行われていて、政治家やその後ろにいる建設業者とつながっているといわれます。

財務省独自の力の源泉の第二は、徴税権です。納税に関してなんらかの後ろめたさを持っている政治家は、財務省に逆らって税務調査に入られることを恐れているといわれます。この問題を解決する手段として、髙橋洋一嘉悦大学教授はかねてから、財務省から徴税権を切り離して、アメリカのように歳入庁を創設して、そちらに徴税権を移すことを提案しています（髙橋洋一『財務省を解体せよ！』宝島社新書、２０１８年）。

財務省独自の力の源泉の第三は、絨毯爆撃型の「ご説明」参りです。この「ご説明」は財務省以外の省庁でも行っていると思われるので、財務省独自の力とは言えないかもしれませんが、財務省の「ご説明」は他の省庁の比ではない徹底したものです。

財務省はまず、国会議員に徹底的に「ご説明」参りをします。例えば、この「ご説明」でほとんどの国会議員は「消費増税しなければ、財政と社会保障制度は破綻する」と信ずるようになります。次に、新聞社などのマスメディアへの「ご説明」参りです。社説などを担当する編集委員などの有力記者が対象です。

最後に、学者や評論家などへの「ご説明」参りです。とくに、新聞やテレビへの露出度が高い学者や評論家への「ご説明」は欠かしません。かくて、多くの学者や評論家が財務省に落とされてしまいます。

そこで思い出すのが、私が日銀副総裁を務めていた当時、「マイナス金利政策」を決定した時のことです。この政策の効果は経済合理的に考えれば、円安です。ところが、われわれ日銀政策委員会委員と日銀エコノミストの予想と反対に、円高になってしまいました。メディアは「預金金利がマイナスになる」と書き立て、それを信じた国民の中には、預金を下ろして現金で保有するため、大型の金庫を買う人まで現れました。しかし、預金金利がマイナスになることはありませんでした。

実は、マイナス金利政策を決定したころ、日銀高知支店長だった大谷聡氏が「マイナス金利と皆さんの暮らし」という講演をしていたことを、私はマイナス金利政策を決定してから約9カ月たったころに知りました。その講演資料は「マイナス金利政策はどの年齢層にとっても有利である」ことをデータで示しています。私はこの資料をもっと早く知ることができればよかったのにと悔やんだのですが、なぜ、大谷高知支店長はこの資料を私にメールで送ってくれなかったのだろうかと、残念至極の思いです。

私の『日銀日記』（筑摩書房、2018年、322頁）にも書きましたが、当時、ある日銀エコノミストが私との談話で、「日銀のコミュニケーション不足」を指摘していました。彼によると「日銀に比べて、財務省はうまいですね。大量の職員を動員して、経済界、学界、エコノミスト、マスコミ関係者に、財政危機の状況を説明するという名目で説得に回っています。ところが、日銀にはマイナス金利についてネガティブキャンペーンを張られても、それを否定して説得に回るだけの人を割ける余裕がありませんし、ノウハウもありません」とのことです。私が右に述べた財務省独自の第三の力の源泉に気が付いたのは、この日銀エコノミストとの談話によります。

なぜ安倍元首相は14年度に消費増税したのか

私は日銀副総裁を辞してから、3年後の21年に、山本幸三衆議院議員（当時）が主催する「コロナ後の復興を考える会」で講演する機会がありました。その会の会長は安倍晋三元首相で、当時は、20年8月に持病が悪化して、首相を辞任してからほぼ1年が過ぎていました。新しい薬の効果で、その頃には、完全に体調は回復したとのことでした。講演後に、私はかねてから疑問に思っていた「なぜ14年度に消費増税を実施したのか」を安倍元首相に聞いてみました。安倍元首相は「財務省の力がすごかったからね」と答えられたので、私は「一国の宰相が財務省に勝てないんですか」と聞いてみました。その答えは、「財務省は消費増税しなかったら、財政は破たんすることを国会議員に徹底的に説得して回るのです。そのため、ほとんどの議員が財務省のいうことを信じてしまっているんです」というものでした。

14年度の消費増税を決めた13年は、未だ、安倍元首相の政治基盤は盤石でなかったので、消費増税を実施しなかったら、「安倍おろし」が始まった可能性があったのです。さらに、安倍元首相は「黒田さんの消費増税をしなかったら、国債価格が暴落し、財政政策でも金融政策でも対応できないという発言も効きました。黒田さんにあそこまで言わるとね」とおっしゃいました。『安倍晋三回顧録』（中央公論新社、2023年）はこうした経緯を生々しく伝えています。

12年8月に成立した「社会保障と税の一体改革」について、安倍元首相は「一体改革には慎重でした。デフレ下に加え、震災の影響を受けている時に消費税を上げるべきではない。一体改革は、税金を上げて社会保障に回すのではなく、むしろ借金の返済に充てるのが狙いでした。政局的に見ても、自民党が政権を取り戻す上で、民主党が掲げた増税と真っ向から勝負すべきではないかと思っていました。……社会保障と税の一体改革は、財務省が描いたものです。当時は、永田町が財務省一色でしたね。財務省の力は大したものですよ。

時の政権に、核となる政策がないと、財務省が近づいてきて、政権もどっぷりと頼ってしまう。菅直人首相は、消費増税をして景気を良くする、といった訳の分からない論理を展開しました。民主党政権は、あえて痛みを伴う政策を主張することが、格好いいと酔いしれていた。財務官僚の注射がそれだけ効いていたということです」（94～95頁）と語っています。

それでも、12年末の総選挙で、消費増税を含む社会保障と税の一体改革の見直しを掲げることについては、「経済に関する私のアドバイザーのほとんどは、一体改革を放棄すべきだといっていましたが、自民党が一度決めた合意です。それをひっくり返したら、党内で私が支持を失う可能性がありました。だから衆院選で公約にはできませんでした」（102頁）と述べています。

『安倍晋三回顧録』から、安倍元首相の経済のアドバイザーとは「浜田宏一エール大学名誉教授、本田悦朗静岡県立大教授、高橋洋一嘉悦大教授、岩田規久男学習院大教授」（94頁）のリフレ派であることがわかります。これから、反リフレ派の「リフレ派は金融政策ですべて解決できるといった」という主張は、誤解か「言いがかり」の類であることもわかります。リフレ派は「2％のインフレを達成するためには、大胆な量的緩和と消費減税」を主張していたのです。消費減税については、私と八田達夫教授（当時）の共著『日本再生に「痛み」はいらない』（東洋経済新報社、2003年）で、景気が回復するまで消費税率を2％に引き下げること（右の本を出版した03年当時の消費税率は5％）を提案しています（29頁）。具体的には「消費税率を失業率が3～4四半期の間、三％程度に安定するまで二％に引き下げる」（34頁）というもので、この消費減税は「住宅投資や耐久消費財への支出、投資財への投資を促進する」（34頁）と書いています。

『安倍晋三回顧録』によると、14年11月に消費税率の8％から10％への引き上げを延期した際には、「財務官僚」は、「安倍政権批判を展開し、私を引きずり下ろそうと画策したのです」（311頁）とあり、財務省は「彼らは省益のためなら政権を倒すことも辞さない。……国が滅びても、財政規律が保たれてさえいれば、満足なんです」（311～313頁）と述べ、「私は密かに疑っているのですが、森友学園の国有地売却問題は、私の足を掬うための財務省の策略の可能性がゼロではない」（313頁）とまで、言い切っています。これは財務省にとって深刻な発言です。

元財務省事務次官の反論

安倍元首相にここまで言われては、財務省も黙って見過ごすわけにはいかないでしょう。その役割を担ったのが、かつて財務省の大物事務次官といわれた齋藤次郎氏です。齋藤氏は『文藝春秋』（2023年5月号）で、「私がどうしても理解できなかったのは、財務省は〈省益のためなら政権を倒すことも辞さない〉と断じた部分です。安倍さんがいらしたらお聞きしたいのですが、〝省益〟とは一体何を指すのでしょう？　この言葉の意味するところが、さっぱり分かりませんでした」と述べ、財務官僚は「国家の経済が破綻しないよう、財政規律を維持する」ために、一生懸命働いているのに、安倍元首相の財務省批判はあんまりだという趣旨のことを述べています。

財務省の省益とは、最終的には、賃金の高い「天下り先」の確保です。齋藤次郎元財務省事務次官の退任後の就職先は、財政金融研究所顧問、研究情報基金理事長、国際金融情報センター顧問、東京金融先物取引所理事長および民主党政権時代の日本郵政社長と、多くの天下り先を渡り歩いています。鳩山由紀夫政権は「天下り根絶」を掲げていましたが、「政府省庁による天下りのあっせんを受けずに適材適所の再就職をすることは天下りには該当しない」として、齋藤次郎元大蔵事務次官の日本郵政社長就任も天下りではないと説明しています。

政府は官庁のあっせんを伴う再就職のみを「天下り」としています。その結果、九割近くは天下りではないことになってしまい、つまり実態と定義がかけ離れています。実際は、官僚が退任後何代にもわたって就職する先、いわゆる「指定席」があります。齋藤元事務次官は、ご自身が再就職した先は、すべてご自身の高い能力ゆえのことと思われているのでしょう。

この章では、政界、官界、財界の三業界の癒着構造である鉄の三角形に、官僚の許認可権にお墨付きを与える政府の審議会が加わった鉄の四角形が、選挙で選ばれたわけでもない官僚が主導する政治を可能にしてきたこと、小泉純一郎政権と第二次安倍晋三政権は、これを政治主導に改めようとしましたが、いずれも官僚主導政治を打破するまでには至らなかったことを示しました。そこで次章では、この政治状況と選挙との関係を考えましょう。

第4章 選挙と経済政策

国民が経済政策だけでなく、政策を選択する重要な機会は選挙です。この章では、選挙に勝って、政権を取れるかどうか、そして獲得した政権をどれだけの期間維持できるかどうかを決めるものはなにかを、歴史的に見ていきます。結論を先取りしていえば、病気やスキャンダルで辞職せざるを得なくなった場合を除くと、政権を取るうえでも、取った政権をどれだけの期間維持できるかも、経済的な要因に大きく依存していると考えられます。この章では、この点を確認しておきたいと思います。

1 高齢者に人気のない政党は選挙に勝てないのか

デフレになっても「物価上昇の抑制」を求める国民の投票行動の基準は何か

日本国民は、選挙にあたって、政権を取った政党に何を要望しているのでしょうか。このことを内閣府『国民生活に関する世論調査』で見てみます。この世論調査の時系列データは１９６９年以降、公開されています。

はじめに、１９６９年から１９８０年までを概観してみましょう。この期間は、高度経済成長が終わりに近づき、74年の戦後初めてのマイナス経済成長を経験したのち、75年から80年の年平均成長率が高度経済成長期（60年～73年とします）のほぼ４割に低下した時期に相当します。しかも、二度も石油ショック（73年末～74年初めの第一次と78年末～80年頃までの第二次）に襲われた期間です。

高度経済成長期後の73年から80年にかけての「政府に対する要望」（複数回答）の比率が最も高かったのは、物価対策（平均67％）で、第二が社会保障と社会福祉の充実（40％）、第三が税の問題（16％）と住宅・宅地政策（16％）です。なお、この期間の「世論調査」では、なぜか、「景気対策」については質問していません。

60年代（60年～69年）の年平均消費者物価上昇率は５・２％でしたが、73年～80年は８・６％に上昇し、74年には23％にも達しました。73年～80年の期間に、物価対策が「政府に対する要望」比率の67％に達したことは当然だったといえるでしょう。

物価対策を担うのは政府ではなく、日銀ですが、当時の日銀は政府から独立していませんでしたから、政府に物価対策を要望してもおかしくはありません。

しかし、第一次石油ショック後は、政府に言われるまでもなく、日銀自身が物価上昇率を抑制するためには、貨幣量の増加率を抑制することが重要であることを理解して、そのための金融政策を実施しました。その結果、消費者物価上昇率は76年頃から低下し始め、第二次石油ショック（78年末～80年頃）の際には、5％に抑制することに成功しています。アメリカのこの期間の消費者物価上昇率は10・5％に達しましたから、この時期の日銀の金融政策は高く評価されます。しかし、これは日銀の手柄であって、政府の手柄ではありません。そもそもは、政府に「物価対策」を要望するのではなく、政府に対しては、「『物価の安定』を達成できるような金融政策を運営する人物を、日銀正副総裁をはじめとする政策委員会メンバーに任命せよ」と要望するのが筋です。

次に、71年以降について、消費者物価上昇率と物価対策要望比率の関係を見てみます。71年から2019年までの49年間の実際の消費者物価上昇率と物価対策要望比率の相関係数を求めると、0・78とかなり高くなります。これは実際の消費者物価上昇率が高いほど、物価対策（正確には、物価上昇抑制政策）を要望する家計が増えることを示していると考えられます。これは、一見、当然のように見えますが、00年～12年までは、実際の消費者物価上昇率はマイナス（デフレ）か0％です。したがって、日本の家計はこのようなデフレの時にも、物価上昇率をもっと下げてほしいと要望していることになります。つまり、もっとデフレにしてほしいと要望する家計が少なくないということです。

例えば、09年には、消費者物価（総合）とエネルギーは、それぞれ、1・4％と11％下落しました。それにもかかわらず、物価対策要望比率は38％にも上りました。これだけ物価が下がっても、もっと下げてほしいという要望が少なくないのです。これは、調査に回答する人のうち、60歳以上の人が占める割合が40％台であることに起因していると考えられます。彼らは年金と金融資産に依存して生活しています。年金は04年にマクロ経済スライド制が導入される前もその後も、デフレになっても引き下げられることはありませんでした。したがって、デフレは彼らの実質年金と実質金融資産価値を引き上げる機能を果たしますから、彼らはデフレを歓迎するのです。

日銀の『生活意識アンケート調査』によると、物価が08年10月以降下落傾向にあった09年6月に、「1年前と比べて物価はかなり上がっている」という回答は8・1%、「物価は少し上がっている」という回答は39・4%に上りました。

「1年前に比べて物価は何%程度変化したと思うか」という問いに対する平均値は、実際は、物価は下落しているにもかかわらず、3・5%です。

「1年前に比べて物価が上がったと回答した人」の89%は「どちらかと言えば困ったことだ」と答えています。

回答者の36・4%は60歳以上で、70歳以上は17%、主婦、学生、年金生活者、無職などが38%を占めています。

このように、日本では、デフレ下でも、物価は上がっていると感じる人が多く、多くの人がもっと下げてほしいと要望している状況、すなわち、物価は「低ければ低いほど良い」と考える人が多い状況です。これでは、デフレ脱却を掲げて選挙戦に臨む政党が政権をとることは困難です。そのためか、日本がデフレになって以降、明確に、デフレ脱却を掲げて選挙戦に臨んだのは、12年末の衆議院選挙における安倍晋三自民党総裁（当時）だけです。

21年10月31日の衆議院選挙でも、デフレ脱却を掲げた政党はありませんでした。確かに、自民党は「『金融緩和』『機動的な財政出動』『成長戦略』を総動員し、傷んだ日本経済を立て直し、『成長』の軌道に乗せます」との公約を掲げました。しかし、この公約は金融政策の機能を理解している高市早苗政調会長が執筆したものであり、岸田文雄政権はデフレ脱却を重視しているとは思えません。

高齢者を優遇しなければ、選挙に勝てない

70年代以降、「政府に対する要望」で、年々、増加傾向を示しているのが「社会保障と社会福祉の充実」です。実際に、70年代には、社会保障政策と社会福祉政策は大きく転換しました。この転換を促したのは、高度経済成長のひずみと呼ばれた「公害」に代表される「環境の悪化」に抗議する市民運動の展開と、その運動を梃に多くの地方自治体で誕生した革新首長による政治です。彼らは、「経済成長一辺到の政策から国民生活重視、福祉優先の政策へと転換」を唱えました。

こうした動きに押されて、政府の72年の『年次世界経済報告』（以下、『報告』と略称します）も、「福祉志向強まる世界経済」と題して、次のように転換しています。

「（戦後―岩田注）先進国は所得という尺度を中心にして福祉を考えるようになった。各国が経済成長を重視したのは、国民所得の増加によって国民の物質的生活が豊かになるとともに、その過程において完全雇用の達成とその持続が可能になるからである。

しかし、市場機構を通じて生産に参加し、それの代価として所得分配が行なわれる資本主義社会の仕組みでは、国全体として所得が増大したからといって、そのまま、全ての人の生活が豊かにな

るとは限らない。『福祉』という言葉がとくに使われ、またそれが強く意識されたのは、戦後各国が慈善や労働者対策的な社会政策としてではなく、国民の生存権を保障するための総合的施策として社会保障制度をとりあげたときである」。

『報告』はこのように述べたうえで、「人間の尊重をめざして」という題の下で、次のように述べています。

「経済成長を促進し、その成果を再分配するといった仕組みの中で国民生活は豊かになってきた。だが、60年代もなかばをすぎる頃から公害、都市過密、自然破壊といった人間をとりまく環境が悪化して、再び『福祉』が叫ばれるようになった。GNP成長はこれまで大気、水、安全、静けさなど生活環境資源の消費の上に立って実現されてきた。……人類はその誕生のときから、自然のもつ浄化作用の偉大さに安住し、空気、水、緑から鉱物資源まで無限に包蔵していると考え、これを開発し、征服することによって豊かな社会を築きあげてきた。しかし今日、それほど無尽蔵なものではないと認識されるようになってきた」。そのため、「なんのための成長かが問われている。経済成長はもともと福祉の達成手段にすぎないものが、いつのまにかそれ自体が追求されるようになった。今日、経済的（量的な成長）な側面をすすめるにしても経済成長のあり方（質的な側面）やその成果の配分の仕方を吟味した上ですすめようとする気運が強くなっている」。

さらに、『報告』は、「生きがい喪失の克服へ」という題のもとに次のように言います。

「福祉の本旨からいって、物質的な面だけでなく、精神的な面もまた重要である。物質的な生活の豊かさがそのまま精神的な生活の豊かさをもたらすと考える時代は過去のものになろうとしている」。

以上は、72年の政府の『年次世界経済報告』ですが、22年現在の議論と間違えそうな文章です。「人間の尊重をめざして」とか、「生きがい喪失の克服へ」とかは、今日の流行語と言ってもよいくらいです。歴史は繰り返すのでしょうか。

以上のような状況を反映して、70年代には、自民党の推薦や支援を受けない知事や市町村長が多数当選し、当時、革新知事とか革新市町村長と呼ばれました。中でも、最も影響力を発揮したのは、旧社会党の支持を受けた美濃部亮吉東京都知事（1967年から1979年の間3期務めた）でしょう。美濃部都政は老人や障がい者に対する福祉政策に重点を置きました。とくに、69年の70歳以上の老人の医療無料化は画期的な政策で、全国に拡大しました。

美濃部都政と重なっている内閣は、五代にわたる自民党内閣ですから、いかに美濃部都政が長かったかがわかります。これほど美濃部都政が長期にわたったのは、なぜでしょうか。

60年代半ば以降、地方政治では自民党の支援を受けない革新知事・市長村長が多数誕生するようになりましたが、中央政府では相変わらず自民党政権が続きました。すなわち、中央政府では自民党支持者が多く、自民党政権の基盤は盤石に見えましたが、地方政治では、非自民党が強いという、ねじれ現象が出現したのです。

もっとも、選挙での自民党当選者数は、衆議院についてみると、池田勇人内閣時代の第29回衆議院選挙の二九六名（総議員数の63％）をピークに、選挙のたびに、減少する傾向がみられました。そうした中、「今太閤」と囃し立てられ、『日本列島改造論』（当時、ベストセラー）を掲げて登場した田中角栄内閣の、発足翌月の72年8月に実施された世論調査（面接）では、内閣支持率は62％で、当時の過去最高を記録しました。佐藤栄作政権（とくに、参議院）が終盤にかけて、やや陰りが見えてきた自民党が再び強い自民党として戻ってきたかのようでした。

ところが、その年の12月に実施された衆議院選挙では、自民党が獲得した議席数は17（288議席から271議席へ）も減少し、逆に、日本社会党の議席は28（90議席から118議席へ）も増加しました。さらに、選挙前は、14議席に過ぎなかった小党の日本共産党の議席数は24も増加して、38議席となり、同党は野党第二党に躍り出たのです。発足してから、5カ月しかたっていない内閣が選挙でこれだけ議席数を減らし、二つの野党にこれほど負けるとは、たった5カ月の間に、一体何が起きたのでしょうか。

そこで、内閣府『国民生活に関する世論調査』にあたってみると、71年1月調査の「政府に対する要望」では、「社会保障・社会福祉の充実」の比率は29・8％でしたが、翌年の72年1月調査では42・5％へと跳ね上がっています。「物価対策」は59・9％から53・7％にやや低下しています。その他の要望は両年でほとんど変わっていません。

相変わらず、物価対策の比率が高いことに変わりはありませんが、71年に6・3％だった消費者物価上昇率は72年には4・9％に下がっています。このように、物価上昇率が低下したため、72年1月調査の「物価対策」要望比率は若干下がったのでしょう。したがって、田中内閣が物価の安定に失敗したから、72年末の選挙に負けたとは言えそうにありません。

しかし、物価の中身を見ると、72年2月から、それまで前年同月比0％だった保健医療サービスの価格が突如として12・6％に跳ね上がり、以後、72年12月の衆議院選挙の日まで連続11カ月間12・6％（前年同月比）の上昇で推移しています。この急激な保健医療サービス価格の急騰が、右に述べた72年1月調査における「社会保障・社会福祉の充実」要望比率の急上昇の原因でしょう。

11年の『厚生労働白書』第2章から、当時の社会保障は次のような状況だったことがわかります。

１９７０年になると、日本は65歳以上人口（当時は「老年人口」）比率が7・1％となり、国連の定義にいう高齢化社会に入りました。１９７１年に総理府（当時）が行った「老人問題に関する世論調査」によると、高齢者（当時は「老人」）の生活と健康を守るために、国の施策として一番力を入れて欲しいものについて、「老人医療費無料化」が44・0％と最も多く、次いで「老齢福祉年金の増額」（17・4％）、「老人無料検診」（10・0％）でした。当時は未だ年金制度は未成熟であり、医療保険の家族給付率は5割にとどまっていました。そのため、高齢者は医療費負担が重すぎて受療を敬遠し、必要な医療が受けられない恐れがあると指摘されていたほどです。

一方、70年代前半になると、経済成長の成果を国民福祉の充実に還元しようとする動きが高まりました。既に、東京都では美濃部都政の下で、老人医療費は無料化されていました。

このように、72年末の衆議院選挙当時、国民、とくに、投票率の高い老人は「社会保障・社会福祉の充実」、中でも、「老人医療費の無料化」を望んでいたのです。これでは、新幹線と高速道路を日本中に張り巡らせて、中国地方と四国の間に3本も橋をかけるという「日本列島改造論」を打ち出しても、選挙には勝てません。

以上が、72年末に、たった5カ月前に組閣されたばかりの田中内閣に厳しい鉄槌が下った原因でしょう。

さらに、田中内閣は74年7月の第10回参議院選挙でも、5議席を失い、参議院議員数の50・4％とかろうじて過半数を守ることができましたが、共産党に8議席増を許す事態に陥ってしまいました。このときの敗北の原因は73年と74年の消費者物価の急騰（73年11・7％、74年23・2％）でしょう。73年秋に起きた第一次石油ショックでエネルギー価格は33％も上昇しました。そのため74年1月の『国民生活に関する世論調査』では、「政府に対する要望」のうち「物価対策」が76・9％に達したのです。

しかし、73年〜74年の高いインフレは政府の責任というよりも、日銀の責任でした。当時、小宮隆太郎東京大学経済学部教授は「昭和四十八、九年インフレーションの原因」（『経済学論集』第42巻第1号、1976年4月）で、73年〜74年のインフレの原因は「1973年の原油価格の高騰ではなく、1970年〜72年にかけて貨幣量が18・3％〜26・5％という高い率で増加したことにあり、そのような増加をもたらしたのは日銀の過大な資金（マネタリーベースといい、発行日銀券と日銀当座預金の合計━岩田注）供給が3年間にもわたって続いたことからである」として、インフレの原因は日銀にあることを示しました。

しかし、国民は政府の政策と日銀の金融政策とを区別することはできませんから、インフレの責任は政府のせいにされてしまいました。この意味では、このときの田中角栄氏は気の毒だったといえます。

日本では、「インフレ期は無論のこと、デフレ期も物価上昇率を引き下げ」、「社会保障で高齢者を優遇」するという、いずれも高齢者に有利な政策を実施する政党が選挙に勝つという状況が長く続いてきました。果たして、今後、この状況は変わるでしょうか。

2 社会保障制度・景気と選挙の関係

61年の国民皆保険と国民皆年金の実施

この章の第1節で、70年代初めの社会保障制度に触れましたが、ここでは、もう少し時代をさかのぼって、50年代末以降からの状況を『厚生労働白書』（2011年）に沿って見ておきましょう。というのは、今日、日本が抱えている社会保障制度問題はこの時期の制度設計から始まっているからです。

日本の医療保険制度と年金制度はともに企業単位で始まりましたから、その普及や給付条件は、大企業においては比較的良好でした。しかし、零細企業や自営業などについては、50年代末までは健康保険組合が市町村によって、あったりなかったりする状況でした。この状況は年金についても同じでした。その後、国民保険制度と国民年金制度が整備され、61年から、すべての国民が医療保険サービスと、将来年金を受給できる制度が整いました。そこで、61年を国民皆保険制度と国民皆年金制度の実施開始の年と言います。

福祉元年と次々に引き上げられた給付水準

第二次田中角栄内閣時代の73年は、「福祉元年」と呼ばれます。国の制度として老人医療費支給制度が73年1月から実施され、70歳以上の高齢者が医療保険で医療を受けた場合の自己負担費用が全額公費で負担されることになりました。つまり、美濃部都政から4年遅れて、全国で、高齢者の医療費負担が無料化されたのです。後に、無料化に伴う病院のサロン化や過剰診療等が問題となりますが、田中内閣は、当時は層の厚い生産年齢人口に支えられており、かつ右肩上がりの高度経済成長が続くと予測したため、実施に踏み切ったのです。

73年は、健康保険の家族給付率の引上げ（5割から7割。したがって、家族の窓口負担は3割）が実施されました。さらに、月3万円（当時）を超える自己負担分を医療保険制度から支給するという高額療養費制度も創設されました。これら二つの制度創設によって、医療費に占める患者負担の割合は低下し、医療機関を利用しやすい環境が整備されました。同制度は、75年に国民健康保険にも適用されました。

73年の年金改正では、物価の変動に合わせて年金額を改定する物価スライド制が導入されるとともに、現役男性の平均月収の6割程度を目安とし、賃金スライドが実施されました。

その後も73年秋に発生した石油ショックに対応して、老後生活の安定を図るため、厚生年金の老齢給付の水準として、標準的な男子の受ける老齢年金額が直近男子の平均標準報酬の60％程度を確保するよう引上げられるなどの、給付の拡大が進められました。

このように、次々と年金給付水準が拡大されたのは、当時の日本は人口の高齢化が進んでいなかったため、老齢年金受給者が少なく、支給しなければならない年金総額も少なくて済んだからです。

高度経済成長の終焉で、保険財政の悪化

73年の「福祉元年」は、不運なことに、秋に、第一次石油ショックが起きた年です。日本では、71年~73年にかけて、貨幣量が20%台で増加したため、インフレ率は、73年は10%台後半に、74年は20%前半にまで上昇しました。物価スライド制を導入していたため、社会保障関係費は大きく膨らみました。例えば、医療保険の診療報酬、生活保護制度の生活扶助費などをインフレに合わせて、給付水準を引き上げた結果、74年度の診療報酬改定では36%の引上げ、生活扶助基準では20%引上げ等の高率の改定を実施せざるを得ませんでした。

高齢化率は55年頃までは横ばいで推移していましたが、70年代入り後、上昇に転じます。高齢化の進展により、家庭が担っていた扶養能力の低下が進み、以後、社会保障需要は増大の一途をたどることになります。

一方、政府は高度経済成長の持続を予想して、73年前半までに、社会保障制度を大幅に改善しましたが、同年秋の第一次石油ショックで、高度経済成長はあっけなく終わってしまいました。そのため、税収が伸びないなか、経済対策のため、財政支出を大幅に拡大せざるを得なくなりました。財政法で赤字国債の発行が禁じられていたため、苦肉の策として、75年度補正予算で、特例公債(日本の得意技である解釈を使って、財政法で禁じられている赤字国債ではない、という意味でつけられた

名称。実質は、赤字国債です）が発行されました。その後も、財政が赤字になるたびに、例外であるはずの特例国債が毎年発行されるようになりました。80年代半ばのバブル景気で、いったんは解決したかに見えた財政再建問題と社会保障費膨張問題は、90年代以降の長期経済停滞により、今日に至るまで解決の目途が立たない、政治と選挙の年中課題です。

高齢者の医療費高騰にどう対応するか

美濃部都政にせよ、国の福祉元年にせよ、老人の医療費を無料化すれば、彼らの受診率が高まり、医療費が急増することは自明の原理です。年齢階級別に受診率をみると、60年当時、65歳以上の人は現役世代を下回っていましたが、その後、現役世代を大きく上回るようになりました。70歳以上の受診率は、70年から75年までの5年間で約1・7倍にも上昇しました。

病院の待合室に高齢者がつめかける「病院のサロン化」や「過剰受診・過剰診療」などが大きな問題になるのはこの頃からです。

90年の名目ＧＤＰは74年の3・3倍に増加しましたが、国民医療費はそれを上回って4倍も増加し、国民一人当たり医療費は3・4倍も増加しました。その結果、国民医療費のＧＤＰ比率は、74年の3・9％から90年には4・6％へと上昇。00年には、名目ＧＤＰは90年代以降の長期経済停滞の中、対90年で1・1倍しか増加しませんでしたが、国民医療費は対90年比1・5倍に急増しました。

このような医療費の増加は、保険料と患者の自己負担とでは到底賄えず、不足分は国と地方の公費で賄うしかありません。

このような状況に直面して、政府は97年に、被用者保険（企業のサラリーマン、公務員、教員等が加入する医療保険）における本人負担を1割から2割に引き上げ、さらに、03年度からは3割に引き上げました。ただし、高齢者の自己負担は1割に留め、現役並み所得の場合は2割としました。08年には、後期高齢者医療制度を設け、自己負担を、75歳以上1割（現役並み所得以上の人は3割）、70歳から74歳2割（現役並み所得以上の人は3割）、70歳未満3割としました。この改正により、老人医療費無料化制度は創設から約30年たって、ようやく廃止されたことになります。

医療費自己負担の増加は選挙にどう影響したか

それでは、以上のような被用者保険の自己負担の増加改正や、高齢者の医療費無料化の廃止と自己負担の増加は、選挙にどう影響したでしょうか。

被用者保険における本人負担は1割から2割に引き上げられ、さらに、03年度からは3割に引き上げられましたが、03年11月9日（小泉純一郎首相時代）の衆議院選挙では、自民党は10議席を失い、過半数割れになってしまいました。その一方で、民主党が40議席増の大躍進を遂げました。

この選挙結果から、被用者保険の本人負担が増大したサラリーマンが小泉政権に〝NO〟を突き付けたかのように見えます。確かに、03年6月の『国民生活に関する世論調査』の「政府に対する要望」では、「医療・年金等の社会保障構造改革」が61・9％に達し、02年6月の57・7％よりも上昇しています。しかし、「景気対策」の要望の方が67・4％と高い水準でした。

同様なことは、内閣府『社会意識に関する世論調査』でも確認できます。02年12月の調査（03年の調査はありません）で、「悪い方向に向かっている分野」として「医療・福祉」を挙げた人の割合は全体で17％、医療保険の自己負担増加の影響を最も大きく受ける20歳代から59歳でも、20％台に留まっています。それに対して、「景気」を「悪い方向に向かっている」と回答した人の割合は、全体では51・5％で、年齢が49歳まで上がるにつれて大きくなり、40歳～49歳では73・3％に達しました。「雇用・労働条件」を「悪い方向に向かっている」とした人の割合も、全体では51％で、年齢が59歳まで上がるにつれて上昇し、50歳から59歳では58％と高い水準です。

小泉純一郎内閣は「痛みなくして、得るものなし」と述べ、国民に「痛みを我慢してもらう」といって、構造改革を優先しました。失業率が6％と過去最高に達し、有効求人倍率（除くパート）が0・4倍から0・5倍程度で、パートを含めても、0・6倍から0・7倍程度という、きわめて悪化した「雇用・労働条件」の下で、景気対策を実施するどころか、公共投資を02年と03年に減らして、景気回復の足を引っ張ったくらいです。

小泉政権が03年11月の衆議院選挙で大敗し、民主党の躍進を許した原因は、このような「景気が悪く、雇用が悲惨な状況にある」にもかかわらず、景気対策どころか、景気回復を妨げるような政策を強行したことにあったと考えるのが妥当でしょう。

それでは、08年の後期高齢者の医療費の自己負担増政策は、その後の選挙にどのように影響したでしょうか。

とくに、それまで、1割負担だった60歳代の人の負担が一挙に3割負担になりましたから、60歳代の人の投票行動にどのように影響したかが興味深い点です。

09年8月30日に、麻生太郎政権の下で衆議院選挙が実施されました。自民党は選挙前の300議席から119議席へとぼろ負けし、逆に、民主党は選挙前の115議席から308議席へと大躍進を遂げ、政権の座につきました。23年現在から見ると、民主党がこんなにも国民の人気を独り占めしたことがあったのかと、夢を見ているような気分になります。

『国民生活に関する世論調査』（09年6月実施）によると、「政府に対する要望」では、「医療・年金等の社会保障構造改革」が05年調査まで60％台だったのが、70％台に上昇しています。

『社会意識に関する世論調査』は年齢別のデータが得られるので、それを見てみましょう。医療費の自己負担が最も大きく引き上げられた60歳から69歳の「医療・福祉」が「悪い方向に向かっている」の割合は、05年調査では11％に過ぎませんでしたが、その後次第に上昇し、09年8月の選挙前の09年1月調査では、38％に上昇しています。やはり、彼らは医療費の自己負担増に不満を抱いていたようです。

しかし、20歳から59歳の働き盛りの世代では、「景気」が「悪い方向に向かっている」が70％前半〜後半に達し、「雇用・労働条件」が「悪い方向に向かっている」も60％前半から半ばと高かったのです。ちなみに、リーマン・ショックが起きる前の08年2月調査では、これらの数値は、それぞれ、40％と30％程度にとどまっていました。

以上から、自民党麻生政権の09年8月衆議院選挙の大敗の原因と民主党政権の誕生は、①医療費の自己負担増が増加した高齢者の不満と、②現役世代の景気と雇用の悪化を止められなかった麻生政権の景気対策批判にあったといえるでしょう。

犬養内閣の成功と麻生内閣の失敗を分けたもの

麻生内閣（08年9月24日～09年9月16日）はリーマン・ショック（08年9月15日に発生）という百年に一度起きるかどうか、という大恐慌に襲われた直後に誕生した政権です。これほど不運なときに誕生した内閣は昭和恐慌の時の犬養毅内閣以来でしょう。

しかし、同じ大恐慌に襲われても、犬養政権と麻生政権とでは正反対の経済成果をもたらしました。

麻生首相は二回にわたって、大規模な補正予算を組み、エコカー減税や家電ポイント制により消費を喚起する政策を採用しました。しかし、麻生首相は内閣府特命担当大臣（経済財政政策担当大臣）に与謝野馨氏を起用しました。同氏は08年9月の自民党総裁選の最中の街頭演説で、「米大手証券リーマン・ブラザーズの破たんは、蜂がさした程度」と言ってのけた人物でしたから、日銀に大規模金融緩和を要求するようなことは考えもしませんでした。実際に、日銀もリーマン・ショック後に金融機関の資金繰りを助けるために流動性を供給した程度で、それ以上のことはしませんでした。

一方、リーマン・ショックに対して、米英の中央銀行は中央銀行資金であるマネタリーベース残高を、1年後までにほぼ2倍にするという量的大金融緩和を実施しました。その結果、この両国は真っ先にリーマン・ショックから回復したのです。

昭和恐慌の際の犬養首相は麻生首相に比べてはるかに幸運でした。当時は大蔵大臣が日銀総裁を実質的に兼ねたような存在でしたが、蔵相の高橋是清は昭和恐慌に際して、すぐさま、金本位制を中止し、財政支出のために発行された国債を日銀に引き受けさせるという、いまでいうところの量的緩和を実施し、4年間で昭和恐慌から脱出することに成功したのです。これは当時の大恐慌の震源地であったアメリカより早い大恐慌からの脱出であり、日本の経済政策史上、燦然と輝く、最高の成功物語です。

このように、犬養首相は担当大臣に恵まれていたため、早々に大恐慌からの脱出に成功しましたが、麻生首相は担当大臣に、私から見ると「とんでもない経済音痴の人」を選んでしまいました。私には到底理解できませんが、与謝野氏は、政界ではなぜか経済通として知られ、菅直人民主党首相に請われて、内閣府特命担当大臣（経済財政政策担当）と社会保障と税の一体改革担当大臣を務めたくらいです。かくして日本は、以後、12年までデフレ不況に苦しむ羽目に陥るのです。

右の犬養内閣と麻生内閣の事例は、国民が選挙でどの政党を選択するかは、国民の福祉にとって極めて重要ですが、それと同等に、あるいはそれ以上に、政権党のリーダーに誰が選ばれ、そのリーダーが誰を大臣にし、日銀執行部の人事を決めるかが、国民の福祉にとって極めて重要であることを示しています。

3 第二次安倍政権憲政史上最長の要因

安倍内閣は国政選挙で6連勝

第二次安倍政権は12年末から約7年8カ月続き、憲政史上最長となりました。20年8月24日に、大叔父である佐藤栄作氏が持つ連続在職日数の2798日を超え、最長政権の記録を更新したのですが、それから4日しかたっていない8月28日に、持病が悪化したため、21年9月の自民党総裁任期を前にして、辞任を表明しました。持病が悪化しなければ、総裁任期までの間に衆院解散・総選挙に打って出て、国政選挙7連勝へと記録を伸ばしたかもしれません。

安倍内閣の支持率（読売新聞社の世論調査に基づきます）の推移を見ると、内閣発足直後は歴代6位の65%の支持率でしたが、その後上昇し、13年4月は74%に達します。それをピークに上下に変動しますが、17年の「森友学園」と「加計学園」問題で低下が続き、17年7月には、不支持率が支持率（36%）を上回る事態に陥ります。その後、支持率が回復するものの、「森友」をめぐる文書改ざん問題で17年3月から6月にかけて、ふたたび支持率と不支持率が逆転してしまいます。

その後、「桜を見る会」問題の表面化と新型コロナ対応の評判が悪く、辞任を発表した8月の不支持率は安倍内閣ではワーストの54%にまで上昇しました。しかし、辞任表明後の9月には、支持率が急上昇して、支持率が不支持率を大きく上回って終わります。このように、安倍内閣は17年以降、スキャンダル続きで、支持率を大きく落としました。

しかし、安倍内閣のスキャンダルによる支持率低下をものともせず、自公政権は17年10月の衆議院選に圧勝し、19年7月の参議院選でも与党改選過半数を上回る71議席を獲得しています。

政党支持率のうち、自公は40％程度で安定しており、安倍内閣の選挙では無党派層の投票のうち、20％から35％（12年末の衆院選）を獲得していますから、野党がつけ入るスキは全くありませんでした。

国政選挙6連勝の理由は「経済優先」

それでは、安倍内閣がスキャンダルまみれになっても、自公政権支持率が40％程度で安定し、安倍政権が無党派層の支持も得て、国政選挙に六回も勝ち続けたのは、なぜでしょうか。その理由を、安倍元首相自身が『安倍晋三回顧録』で、次のように語っています。

「第2次内閣発足当初の2012年末から13年は、民主党政権下で悪化した経済状況を何とかしてくれ、という国民的なニーズに応えることを優先した」（385頁）。

「私が再び首相に就いた当時は、行きすぎた円高で大手の製造業が生産拠点を海外へどんどん移し、移転できない中小企業、小規模事業者は、日本国内の工場を閉めざるを得ない状況に追い込まれていました。12年の倒産件数は1万2000件を超えていた。20年のほぼ1・5倍の多さです。

そうした状況をマクロ経済の視点から分析し、企業収益の改善や雇用の創出に取り組むことにしたのです。デフレからの脱却を目指した、いわゆるアベノミクスです。

その結果、雇用の創出に成功したわけです。政治に求められる経済分野の最大の眼目は、雇用でしょう。民主党政権時代の失業率は5％を超えていましたが、第2次安倍内閣の16年度以降は、『完全雇用』と呼ばれる3％を下回る状態が続いていきます。10年は0・52倍だった平均有効求人倍率も、18年には1・61倍にまで改善しました。高卒、大卒の就職率も過去最高水準となりました。

安倍内閣は、若年層の支持が非常に高かった。その理由は雇用、特に就職の環境を改善したことだと思います。高齢者に支持が偏ってきた古い自民党のイメージを変えることにも成功しました」（385～386頁）。

14年度消費増税の反省と「この道しかない」衆院選

14年度の実質成長率は、4～6月期、7～9月期、10～12月期と、3四半期連続、前期比マイナス成長になりました。『安倍晋三回顧録』では、「14年に（17年9月実施予定の消費増税―岩田注）見送りを決めたのは、8％に増税したことによる景気の冷え込みが酷過ぎたからです。財務省は、8％に引き上げてもすぐに景気は回復する、と説明したけれど、14年の国内総生産（GDP）は、4～6月期、7～9月期の2四半期連続でマイナス成長でした（実際は3四半期連続マイナス成長―岩田注）。財務官僚は、私が増税見送りを表明する直前の11月、……麻生副総理兼財務相に（安倍首相の専用機に―岩田注）同乗してもらって、私を説得しようとしたわけです。しかしその機内で7～9月期の速報値が判明し、『とてもじゃないが増税できない』と私が麻生さんに説明し、納得してもらったわけです。

この時、財務官僚は、麻生さんによる説得という手段に加えて、谷垣禎一幹事長を担いで安倍政権批判を展開し、私を引きずり下ろそうと画策したのです。……彼らは省益のためなら政権を倒すことも辞さない。……けれども、（谷垣さんは――岩田注）財務省の謀略には乗らなかったのです」（『安倍晋三回顧録』310～311頁）と述べています。このように、安倍元首相は14年度消費増税による経済悪化に懲りて、17年に予定されていた10%への消費増税を延期することにし、その是非を国民に問うため、14年12月14日に解散衆議院選挙に打って出ました。

この時の自民党の『重点政策集』は「景気回復、この道しかない」と題して、アベノミクスの2年間で「雇用が改善したこと」を強くアピールしており、第一次安倍内閣の中心政策であった「憲法改正」は最後に7行ほど触れているだけです。これから、第二次安倍政権がいかに経済を最優先していたかがわかります。

若者の安倍内閣支持が高かった理由

右に引用した『安倍晋三回顧録』からわかるように、若者（とくに、29歳以下）の安倍内閣支持率が高かったのは、若い人の雇用が民主党政権時代と打って変わって、大きく改善したからだと考えられます。

室橋祐貴日本若者協議会代表理事は、安倍政権の功績としては、失業率の低下と新卒内定率の上昇のほかに、「教育費負担軽減」をあげ、「幼児教育無償化」、「私立高校無償化」、「大学無償化」の実現を、「対象世帯の狭さといった課題はあるものの、これまで高齢世代の社会保障費ばかりが増えていた中で、現役世代への予算を約1・5兆円増やした『全世代型社会保障』を実現させた意義は大きい」と評価しています（「安倍政権の『若者政策』を振り返る」Yahoo!ニュース　20年9月3日）。

また、若者は、左派系の新聞・テレビの報道を真に受けず、「もりかけ」問題で安倍元首相を激しく責任追及した民進党と共産党に対しても、「行政文書」と称する極秘文書を持ち出して高市早苗大臣に辞任を迫った立憲民主党に対しても、エビデンスに基づかない言いがかりであり、建設的な批判から程遠い誹謗中傷の類であることを見抜いて、両政党のスキャンダル追及にうんざりしたようです。

4 シルバー民主主義対現役世代

以上、選挙と経済政策の関係を歴史的に概観しましたが、経済政策の争点は「社会保障制度」と「景気・雇用」といってよいようです。社会保障制度は第二次安倍政権までは、高齢者の年金・医療・介護の充実の問題でした。しかし、19年10月に、消費税を8%から10%へ引き上げた際に、安倍政権は「全世代型社会保障改革」を打ち出し、消費増税分を従来の赤字国債（年金の公的負担の財源として発行された国債）の減額だけでなく、保育の支援の財源とすることを決定しました。この考え方は、安倍首相が辞任（20年9月16日）した後にも引き継がれ、20年12月15日には、一定の所得以上の後期高齢者については、医療費の窓口負担を1割から2割に引き上げることを閣議決定し、22年10月1日から実施されました。22年度は10月から後期高齢者の窓口負担が増えますが、同年度の予算ベースの後期高齢者の医療費の財源は、本人負担（窓口負担と保険料合計）16・4％、現役世代（の健康保険）からの支援金37・5％、公費（税金）43・5％です。公費の大部分は現役負担であると考えると、現役負担は80％近くになると推測されます。

一定の所得以上の後期高齢者の医療費の窓口負担が1割から2割に引き上げられたのは（ただし、現役並み所得の人は3割負担）、22年にかけて、団塊の世代が75歳以上の高齢者となり現役世代の負担が大きく上昇することが想定されるため、現役世代の負担上昇を抑えながら、全ての世代が安心できる社会保障制度を構築するためです。

このように、社会保障制度が「全世代型」に改革されつつあるのは、これまでの「シルバー民主主義」（八代尚宏『シルバー民主主義――高齢者優遇をどう克服するか』中公新書、2016年）といわれる高齢者優遇の社会保障制度から、未だごくわずかですが、転換が始まったことを意味します。

後期高齢者の窓口負担の増額については、21年半ばに、中央社保協による「絶対、実施させない！　75歳以上医療費窓口負担2倍化」という反対運動がおきました。中央社保協とは、そのホームページによると、「日本の社会保障制度の改善をめざして、労働組合、医療、福祉関連の諸団体、女性団体などの組織が集まって、1958年に創設され、……共同して運動をすすめる組織です。1960年代の朝日訴訟、小児マヒから子どもを守る運動、70年代の老人医療費無料化の運動、80年代から今日にいたる医療、年金、福祉、介護などの改善運動をすすめてきています」という団体です。

立憲民主党は後期高齢者の窓口負担増が閣議決定された直後に、泉健太政調会長と西村智奈美社会保障調査会長が記者会見で、「75歳以上の医療費窓口負担引き上げは容認できない」と述べ、「今回の引上げで現役世代の負担が880億円軽減されるとされているが、これは後期高齢者の窓口での負担を増やすことによってではなく、公費によって軽減すべき」（立憲民主党ホームページ）と述べています。公費で賄えということは、結局、現役世代の負担で賄えといっているのに等しく、「シルバー民主主義」の擁護のようです。

後期高齢者の窓口負担増といっても、「長期頻回受診患者等への配慮措置として、2割負担への変更により影響が大きい外来患者について、施行後3年間、1月分の負担増を、最大でも3000円に収まるような措置を導入」するなどとなっており、負担が増えるのは全体の20％程度にとどまります。これでは、後期高齢者医療制度が持続可能とは思えず、今後も改革が必要になりそうです。

22年の参議院選挙では、立憲民主党と日本共産党および社会民主党は後期高齢者の窓口負担増を撤回する公約を掲げました。

なお、21年頃から、どの政党も「少子化」を問題にし、「子育て支援」や「教育の無償化」など、現役世代の利益に訴える政策を提唱するようになっています。

若者の投票率の低さの真の効果とは

シルバー民主主義を乗り越えるためには、現役世代、とくに若者の投票率が驚異的に上がることが必要です。15年の公職選挙法の改正で、18歳以上20歳未満の人が投票権を行使できるようになり（16年6月施行）、21年10月の衆議院選挙では、初めて、18歳～19歳の若者が投票に参加しました。

彼らの投票率は43・2％でした。投票率は20歳代が最も低く、60歳代が最高で、71・4％でした。しかし、選挙結果と政治に影響するのは、年齢別の投票率ではなく、年齢別の投票者数比率（投票者総数に占める当該年齢層の投票者の割合）です。例えば、18歳から19歳の投票率は43・2％で、20歳代の30・5％よりも高くなっています。しかし、18歳から19歳の有権者の占める人口比率は2・2％しかなく、20歳代よりも9・9ポイントも低いため、投票者数比率は、18歳から19歳では1・7％に過ぎませんが、20歳代では7・4％になります。

60歳以上は投票率が65・4％と高いことに加えて、高齢化社会を背景に、有権者に占める投票者の割合も41・2％と高くなっています。その結果、投票者全体に占める投票者数の比率は47・2％と、過半数に届きそうな勢いです。これでは、政治が高齢者優遇政策を緩めることは難しいでしょう。

小泉郵政「劇場型」選挙で投票率15ポイントアップ

そこで思い出したのが、05年の小泉郵政選挙です。この年、小泉内閣の郵政民営化法案が参院で否決されたため、小泉首相は衆議院を解散し、郵政民営化法案反対議員を非公認とし、その非公認議員の選挙区に「刺客議員」を送り込みました。この選挙戦をテレビが連日放映し、国民はドラマを見る気持ちで、この劇場型選挙を楽しんだようです。全体の投票率は前回の59・86％から67・51％へと14・7ポイントも上昇しました。投票率はどの年齢層も上昇しましたが、とくに若者の投票率が大きく上昇しました。20歳代は前回選挙の35・6％から46・2％へ、30歳代は50・7％から59・8％へ、40歳代は64・7％から76・9％へ、50歳代は70％から77・9％へと上昇したのです。

小泉自民党は圧勝しました。とくに、比例区で自民党に投票した人では、郵政民営化に対する関心が17％から83％に上昇しました（朝日・東大蒲島研究室共同調査）。前回の小泉内閣発足5カ月後の衆議院選挙では、自民党は10議席を失い、民主党は40議席も増加しました。こうしたことから、「もし郵政民営化法案が参議院で否決されることなく成立していたら総選挙の圧勝もなく、小泉政権はレームダック化したであろう」（蒲島郁夫　東京大学教授／2007年『知恵蔵』「郵政総選挙」の解説、朝日新聞出版）とさえいう識者がいたくらいです。

衆議院選挙の投票率はこの郵政選挙をピークに21年まで低下の一途をたどるのです。

やはり、選挙は対立軸がはっきりしていて、ドラマティックでなければ盛り上がりにかけ、投票率も上がらないのでしょう。対立軸がスキャンダルにまつわる「人柄」だけで、「耳障りは良いが、実現可能性を示さずに」闘っても、選挙は盛り上がらないのです。

この章では、選挙の争点は、「社会保障制度」と「景気・雇用」であることを示しました。後者は景気の悪いときの争点ですが、前者は景気に左右されず、選挙のたびに問題になります。これまでは、高齢者の有権者に占める割合と彼らの投票率が高いため、どの政党も高齢者を優遇する政策を掲げて、選挙に臨む傾向がありました。しかし、安倍政権以後、その傾向に歯止めがかかり始め、どの政党も現役世代の利益に配慮した全世代型社会保障制度への転換の兆しが見えてきました。この兆しを本物にし、シルバー民主主義を乗り越えるためには、現役世代の投票率が飛躍的に上昇する必要があります。

第5章　非主流派経済学

これからの章では、経済学あるいは経済理論に沿った話をします。経済理論にはさまざまなものがあり、そうした理論の中から生き残ったものが、さしあたり、主流派を形成することを示します。しかし、その理論では、実際に起きている経済現象をうまく説明できなくなることが起きます。すると、その現象をよりうまく説明できる別の理論が生まれます。それが、経済学の歴史を形成していきます。

経済学は、物理学や化学といった自然科学のようには信用されていません。それは、経済学が人の意思を持って行動する現象を対象にしているのに対して、物理学や化学が対象としているものは意思をもって振る舞うことがないため、その振る舞いを人の振る舞いよりもより正確に予測できるからです。

しかし、それでも、経済学は社会科学の中では、自然科学に比較的近い分野です。それは、人は経済的な目的をもって、その目的を最大限、実現しようとして行動するという原則があるからです。しかし、この原則に沿って、人の経済行動を分析する手法が開発されるまでには、多くの経済理論家の試行錯誤の歴史があり、いくつかの経済理論が「我こそは現実の経済現象を解明する最善の理論だ」と争い、ある時は最善だと思われていた経済理論が、後になると異なる経済理論に取って代わられるという歴史を繰り返してきました。この章と次章では、このような経済理論の発展、進化の過程を見ていきたいと思います。

現在の経済理論には、世界的に標準的な理論があるのでしょうか。世界的な標準の理論であれば、それは主流派を形成することになります。しかし、何が主流であり、何が主流でないかは、論者によって異なります。そこではじめに、自分たちが発展させた経済学は主流派経済理論とは異なるとして、主流派経済理論を批判している人たちの経済理論を先に取り上げましょう。この作業を通じて、主流派経済理論の変遷の歴史を知ることができます。

ここで取り上げる非主流派経済理論は、マルクス経済学、ＭＭＴ（現代貨幣理論）および行動経済学です。マルクス経済学は理論的にも、歴史的事実から判断しても破綻していると考えますが、資本主義に不満を抱く人の受け皿になっています。一方、ＭＭＴは海外に比べて、日本で人気があるようです。それは、日本では90年代以降、長期経済停滞が続き、日銀の「量的・質的金融緩和」政策をもってしても、デフレから完全に脱却できていないため、長期経済停滞の原因を、財務省の均衡財政主義に求める人が増えているためではないかと思われます。それに対して行動経済学は、マーケティングや金融などの実践的な分野での応用や、主流派経済学ではとらえきれない問題を取り上げるもので、体系的な経済理論として確立しているとはいえない段階にとどまっています。この章では、これらの理論を批判的に紹介し、次章で、現代の主流派経済理論（世界標準の経済理論）

までの足取りを紹介します。

1 マルクス経済学（『資本論』）の破綻

古典派の価格決定論である「労働価値説」の欠陥

経済学の古典派とは、アダム・スミス（1723–1790）、デヴィッド・リカード（1772–1823）およびジョン・スチュアート・ミル（1806–1873）が代表的で、18世紀から19世紀にかけて、主流派経済学として君臨しましたが、その骨格は現代の主流派経済理論にも受け継がれています。

スミスは「人々の利己的な行動は『見えざる手』（市場の価格機構のこと）に導かれて社会全体の利益を増進する」という言葉で、有名です。

リカードは「貿易の利益はそれぞれの国の比較優位に基づく」という理論を基礎に、自由貿易を説いたことで有名ですが、「政府支出が同じ目的であれば、政府が国債を発行して資金調達しても、増税によって資金調達しても、実体経済に対する効果は同じである」という「国債の中立命題」を明らかにした点でも、業績を残した人です。これは「国債はそれが発行されたときの世代が負担し、将来世代の負担にはならない」という「国債の現在世代負担論」でもあります。この点を理解している人は少なく、多くの人が（財務省の宣伝の効果も大きいと思われますが）国債は常に将来世代に負担を押しつけるものだと理解している、といってよいでしょう。

ミルは経済学者としてだけではなく、政治哲学と経済思想家としても業績を上げた人で、その代表作に『自由論』があります。ミルは『自由論』で、社会が自由であるためには、個人の多様性が重要であることを説き、イギリスで個性の画一化が進み、民主主義が多数者の支配を招くことを危惧していました。この民主主義における多数者の支配の危惧は、同世代のフランスの政治思想家かつ政治家でもあったアレクシ・ド・トクヴィル（1805–1859）の『アメリカのデモクラシー』から影響を受けています。

古典派経済学に共通している特徴は、商品の価値（現在では、価格といいます）は労働の投入量によって決まるという「労働価値説」を採用していた点です。これは「ダイヤモンドは生活に不可欠な使用価値を持っていないのに、その価値（価格）が生活に欠かせない水の価値（価格）よりも高いのはなぜか」という問い（ダイヤモンドと水のパラドックスという）に対する回答で用いられた説です。

スミスは「水を手に入れるのは容易であるが、ダイヤモンドを得るには、採掘や細工したりするために多大な労働を投入しなければならないので、ダイヤモンドの価値（価格）は水の価値（価格）よりも高いのだ」と考えたのです。

この考え方は、価値をもっぱら生産費からとらえる考え方ですが、実際の商品の価格は労働投入量と比例していませんから、価値（価格）の決定を説明したことにはなりません。

「労働価値説」から搾取の理論を導き出したマルクス

カール・マルクス（1818–1883）は、『資本論』で「労働価値説」を使って、資本家による労働者に対する「搾取」の原理を明らかにし、資本主義は労働者を窮乏化させるので、労働者階級による革命を引き起こし、消滅すると考えました。

『資本論』は三部作ですが、マルクス自身が書いた部分は第一部だけで、第二部と第三部はフリードリヒ・エンゲルス（1820–1895）がマルクスの遺した草稿をもとに編集したものです。

『資本論』第1巻は、「商品の使用価値は労働力によって生みだされる」といいます。この点でマルクスは古典派の「労働価値説」を受け継いでいます。それに対して、資本家は「労働者に対しては労働力の再生産に必要な費用（＝生活費）しか支払わない」。したがって、資本家は「労働力が生み出した使用価値と労働者に支払う賃金（『資本論』では、賃金を労働力の価値と呼んでいます）の差である剰余価値（＝利潤）」を自らのものとすることができる、といいます。この剰余価値は、労働力が生み出した使用価値と労働力を資本家に提供した労働者が受けとる賃金との差から生まれるものですから、資本家は本来労働者に払うべき貨幣を支払っていないことになります。すなわち、資本家は労働者を搾取して、剰余価値を手にしているというのです。

しかし、実際には、商品はマルクスが言う使用価値で売れません。長い労働時間で作られた商品が高い価格で売れず、短い労働時間で作られた商品の方が高い価格で売れていることは、しょっちゅう目にすることです。例えば、ベストセラーになった本の価格と売れ行きを見れば、このことははっきりしています。短時間で、同じようなことをしゃべったものを編集者がさっさとまとめた本が、違った書名をつけて、よく売れているではありませんか。

そもそも、マルクスの定義する使用価値で商品が売れるなら、資本家も経営者も苦労しません。使用価値未満の価格でしか売れないことが数少なくないから、企業は赤字続きになって、倒産するのです。

マルクスは使用価値と価値（価格）が一致しない現実を前にして、苦闘し、「使用価値を決める労働時間は、商品を生産するための個別的具体的な労働時間ではなく、社会的に必要とされる一般的平均的な労働時間であり、商品の価格は需要供給の変動により価値を離れて変動するが、長期的平均的には使用価値によって決定される」といいます。

このように、「一般的平均的な労働時間」といった不明確な概念を導入して、理屈をこねたところで、実際に起きていることを説明できたことにはなりません。このように、エビデンスやデータで示すことなく、頭の中で考えたこと（思弁）がある程度通用したのは、マルクスの時代、理論を事実によって確認するほどのデータを取得することができなかったからではないでしょうか。

しかし、マルクスも多少とも、実際に買い物をしてみれば、『資本論』の価値（価格）決定理論が成り立たないことくらい、わかりそうなものです。

革命は資本主義でない国で起きた

マルクスは最も発達した資本主義経済国で、労働者による革命が起きて、資本主義は崩壊し、労働者階級が権力を持つ社会、すなわち、社会主義経済が到来すると予想していました。それは、資本主義経済が発達するほど、資本家と労働者階級の対立が激化し、それに伴って、労働者階級の窮乏化が進み、資本主義における生産と生産関係の矛盾が爆発的に大きくなると考えたからです。

このように、何か対立するもの同士の間で矛盾が発生し、その矛盾を否定する新たな高次元なものが必然的に生まれる（これを止揚《しよう》［アウフヘーベン］といいます）という考え方は、ヘーゲルの弁証法に由来します。

しかし、『資本論 第1巻』（1867年）が刊行されてから、2023年で、156年経ちますが、もっとも発達した資本主義国（アメリカでしょうか?）で、社会主義革命は起きていません。社会主義革命が最初に起きたのは、資本主義経済以前の遅れた国だったロシアでした。

そして、皮肉なことに、そのロシアとその支配下にあった社会主義国は1980年代終わりから90年代初めにかけて、次々に、崩壊し、ある国は資本主義経済になり（ポーランド、チェコ、スロバキア、バルト三国など）、今や先進国の仲間入りを果たしています。その一方で、ある国は市場経済や私有財産制を採用したりしましたが、政治経済的な混乱に陥り、自由のない、発展途上国のままにとどまっています。

2 MMT（現代貨幣理論）について——批判的紹介

貨幣は税金を納めることができるがゆえに貨幣になる?

2019年頃、急に流行りだした経済理論に「MMT(現代貨幣理論)」があります。この理論の特徴として、貨幣の定義があります。

今日、日本銀行券(以下、紙幣と呼びますが、貨幣とか通貨とも呼ばれます)を発行する日本銀行は、人々や企業が日銀に「この紙幣を金《きん》と交換してくれ」といっても、金と交換してくれません。

日本がかつて金本位制を採用していたころは、紙幣と金はあらかじめ定められた比率で交換可能でした。これを紙幣は金に裏付けられているといいます。

そこで、「人々はなぜモノやサービスとの交換において、金の裏づけのない紙幣(これを不換紙幣といいます)を受け取るのか」という疑問が出てきます。MMTの答えは、「政府の通貨が、政府に対して負っている租税などの金銭債務の履行において、政府によって受け取られる主要な(たいていは唯一の)ものだからである」(L・ランダル・レイの*Modern Money Theory* 島倉原監訳、鈴木正徳訳『MMT 現代貨幣理論入門』東洋経済新報社、2019年、120頁)といいます。

紙幣は現金ですが、現金と常に交換可能な銀行預金を含めて、貨幣と呼ばれます。すなわち、貨幣はモノやサービスとの交換を可能にするという意味で、一般的な交換手段です。

右に引用した文章は、わかりづらい面倒な表現ですが、要するに、MMTは貨幣が一般的交換手段になるのは、「貨幣で税金を納めることができるからだ」というのです。この結論に至るまでに、右の邦訳本は84頁も費やしているのですから、この貨幣の定義はMMTにとって余程重要なこと(大発見⁉)のようです。しかし、たったこれだけのことの説明を84頁も読まされるのは、普通の人にとっては、耐え難いことでしょう。実際に、私は本書でMMTを紹介する必要のため、我慢に我慢を重ねて、やたらに恒等式が出てくるばかりで、肝心の経済主体の行動を示す関数のないMMTの著作・論文を読まざるを得なかったのです。

ランダル・レイが「主流派経済理論」と呼ぶ理論では、貨幣とは、「人々があるモノを決済手段である貨幣として受け入れるのは、それを他の人も決済手段として受け入れると信じている、という意味で、一般的交換手段としての信認があるからである」と考えます。

この主流派の貨幣の定義を、レイは「無限後退に陥っている。つまり、ジョンはメアリーが受け取ると思うから受け取り、メアリーはウォルマートが受け取るだろうと思うから受け取っている。／貨幣理論の根拠は、何と頼りないものなのだろうか！／少なくとも私自身は、貨幣を裏づける唯一のものが『間抜けをだまして渡せると思うから、私はドル紙幣を受け取っている』といった『間抜け比べ』もしくは『ババ抜き』貨幣理論であるなどとは、恥ずかしくて自分の教科書には書けないし、そんなもので疑り深い学生を説得することもはばかれる。／あとで誰かにそっと渡すことができるという期待だけを頼りにその通貨を受け取る――確かに偽造通貨ならそのとおりだろうが、私は、本書の読者にこんなバカバカしい理論で納得してもらおうなどとは毛頭考えていない」（邦訳118～119頁）と述べて、退けています。

MMTの貨幣の定義が成り立たないケース

しかし、紙幣で税金を納められるにもかかわらず、その紙幣でモノが買えなくなるケースがあります。逆に、税金を納められないモノが一般的交換手段として使われるケースもあります。

まず、前者の事例を示しましょう。日本では、終戦直後、物資が大幅に不足したため、インフレがひどくなり、47年8月から48年5月にかけて、月々のインフレ率（消費者物価前年同月比）は100％～194％にも達しました。当時は、米などは配給制でしたが、実際に配給された食料品は生きていくためには不足していました。そのため、都市住民は農村に出かけて、食料品を調達しなければなりませんでした。しかし、農民は高いインフレで紙幣の交換価値が急激に低下し続けたため、米などの農産物と交換に紙幣を受けとろうとはしませんでした。そのため、都市住民は大きなリュックサックに着物や宝石など農民が農産物と交換に受け取ってくれそうなモノを詰め込んで、農村に出かけ、食料品を手に入れなければなりませんでした。これを当時は、買い出しといいました（以上は、岩田規久男『入門 経済学』東洋経済新報社、1987年から引用）。

私はこの「買い出し」時代、四歳くらいの子供で、いまでは信じられないような大混雑した汽車に他人と争ってようやく乗り込み、網棚に荷物と一緒に乗せられて、戦時中疎開していた農村に通ったものです。しかし、これはまだいい方で、屋根のない貨物車に乗って通ったこともあります。汽車が「ボーッ」と汽笛を鳴らすたびに、石炭の粉が頭に降りかかってきて、顔中、炭だらけになるのです。

話がそれましたが、この高インフレ下での「買い出し」時代も、紙幣で税金を納めることはできました。というよりも、紙幣は納税のための唯一の手段でした。しかし、農村では、紙幣で農産物を買うことはできなかったのです。

いま述べた日本の終戦直後の事例は、ＭＭＴの「貨幣とは納税できるモノである」という貨幣の定義は破綻していることを示しています。

レイがいうのとは違って、人々はあるモノを「あとで誰かにそっと渡すことができるという期待」だけでは、そのモノを貨幣として受け入れません。ましてや、主流派の貨幣の定義を、「間抜け比べ」もしくは「ババ抜き」貨幣理論などというのは、「嘘八百も休み休み言え」というレベルです。ＭＭＴには、この種の主流派経済理論に対する曲解が見られます。

次は、いま述べた事例と逆の事例を示しておきましょう。

１９２０年代に、ドイツではハイパーインフレーションが起きました。人々はハイパーインフレーションの下でも、マルクを交換手段に使いましたが、米ドルも使われていました。しかし、ドイツでは、米ドルで税金を納めることはできませんでした。

私はリーマン・ショック（２００８年９月）後の09年に、ベトナムを旅行したことがあります。レストランに入ると、メニューにベトナム通貨であるドン表示と米ドル表示があります。当時のベトナムは高インフレが続き、１ドルは 17,065.08 ドン程度でしたから、ドン表示の値段は目がくらむようで、高いのか安いのか想像がつきません。レストランの従業員は「米ドルで払ってくれる方がうれしい」といいます。つまり、ドンよりも価値がはるかに安定している米ドルの方がよいというのです。旅行者である私も米ドルをドンに換えると、財布がかさばってたまらないし、支払う際にドン紙幣を数えるだけで大変なので、米ドルで支払っていました。しかし、米ドルではベトナムで税金を支払えません。それにもかかわらず、このレストランは「米ドルは他の人も交換手段として、確実に受け取ってくれるという信認があったから、受け取ってくれた」のです。しかも、「ドルで払ってくれる方がうれしい」というのです。

アルゼンチン、ボリビア、メキシコ、パラグアイ、ペルー、ウルグアイなどのラテンアメリカ諸国では、USドルが支払手段として用いられる現象が起きました。これを通貨代替といいます。しかし、これらの国で、USドルで納税することはできません。

以上の事例も「MMTの貨幣論が破綻している」ことを示しています。

さらに、日本の相続税については、例外的に相続財産（多くは不動産です）による物納が認められています。その際には、延納によって金銭で納付することが困難である理由と税務署長の許可が必要です。しかし、相続財産でモノやサービスを購入することは、よほど稀なケースを除いて不可能です。この例も、MMTの貨幣の定義が破綻していることを示しています。

主流派の貨幣の定義は「無限後退」ではない

主流派の貨幣の定義は、「貨幣とは、財貨やサービスとの交換や債務の決済に用いられる、一般に認められた支払い手段である」（Stanley Fischer ,Rudiger Dornbusch and Richard Schmalensee, *Economics*, [1998], p.478）という簡潔なものです。この定義で重要な点は、「一般に認められた支払い手段である（傍点は岩田）」という傍点をつけた部分です。この定義は、結局、「他の人も貨幣を支払い手段として受け入れると信じているから、自分も貨幣を支払い手段として受け入れる」ということです。この貨幣の定義を、レイは「無限後退」で「何と頼りないものだろうか！」と感嘆符をつけて、びっくりしています。しかし、「無限後退」とは具体的に何を意味するのかの説明がありません。むしろ、納税手段にならないものが、財・サービスの一般的な支払い手段になる場合があるのに、「それを貨幣ではない」という、MMTの貨幣の定義の方が頼りない定義です。

MMTの貨幣とインフレの因果関係

そもそも、貨幣の定義からして破綻している現代貨幣理論をこれ以上取り上げる必要はないと考えますが、それでは読者が満足しないと思われるので、MMTの貨幣とインフレの関係に関する議論を紹介しておきましょう。

MMTは、MMT論者が批判する主流派経済学とは違って、インフレは、「多すぎる貨幣が少なすぎるモノの購入に向かうために起きるのではなく、貨幣の増加ではない要因によって起き、高いインフレのもとで取引するためには、多くの貨幣が決済手段として必要になるため、中央銀行がその必要に応じて貨幣供給量を増やすように行動する結果、貨幣量が増加する」と考えます。

MMTの貨幣論は、中央銀行は自ら積極的に貨幣量を増やす（これを外生的貨幣論といいます）のではなく、市場という中央銀行から見て内部の必要に応じて、中央銀行が貨幣量を増やすという意味で、内生的貨幣論と呼ばれます。

市場の貨幣需要が増えると、金利は上昇します。したがって、中央銀行が貨幣需要の増加に応じて貨幣供給を増やすということは、中央銀行は金利を上昇させないように、一定水準に維持するように行動すると仮定している、ということです。しかし、その一定水準の金利とはいつ決まった金利（百年前？　それとも千年前？）なのかという「肝心」の説明は、MMTにはありません。

政府支出はキーストロークによりファイナンスできる？

MMTが考える貨幣とインフレの因果関係は、貨幣が増えてインフレになるのではなく、インフレになるから貨幣が増えるということですから、貨幣とインフレの因果関係は主流派経済学と全く逆です。

MMTは、政府支出は「キーストローク（keystroke）」によって増やすことができるから、政府支出には財源による制約はないと考えます。これは、政府は中央銀行に政府預金口座を持っており、政府預金口座の預金残高は、中央銀行がコンピューターのキーで数値を入力するだけで増やすことができるという意味です。

主流派経済学者の中には、「中央銀行が紙幣を刷りすぎれば、インフレになる」とか「日本がデフレから脱却するためには、日銀がもっと紙幣を刷ればよい」と言ったりする人がいます。この言葉尻をとらえて、MMTは「中央銀行は紙幣を刷るのではなく、キーストロークで政府預金を作り出すことができるから、紙幣の増刷でインフレが起きるわけではない」といいます。しかし、主流派経済学者が「キーストロークで政府預金を作り出す」とは言わずに、「紙幣を刷る」というのは、金融の仕組みを知らない一般の人に、話をわかりやすくするために使っている便法にすぎません。キーストロークで政府支出を増やし続ければ、紙幣を刷りすぎた時と同様に、高いインフレをもたらすことに変わりはないのです。

ＭＭＴは、政府は税金を民間に課して税収を得てから支出するのではなく、中央銀行にキーストロークで政府預金残高を増やすように指示することによって、その増えた政府預金残高を取り崩して、民間部門から財やサービスを購入するという点を強調します。

一方、民間が税を政府に支払う時には、政府預金残高が税収分だけ増加します。このように、ＭＭＴは政府支出が先にあって、税収はその後の民間活動の結果、政府に入ってくるものであるという意味で、税は政府支出の財源ではないと考えます。ＭＭＴはこの政府支出先行、税収後行ということを強調してやみません。

政府がキーストロークによってその支出をファイナンスすることは、政府が国債を発行するときに、中央銀行がその国債を購入する（これを国債の中央銀行引受といいます）ことと同じです。というのは、政府と中央銀行を一体としてとらえて、両者が一体化した統合政府のバランスシートを作成すると、政府のバランスシートの負債項目に計上されていた国債は、中央銀行のバランスシートでは資産として計上されますから、前者と後者が相殺されて、統合政府のバランスシートから国債は消えてしまい、政府が政府預金を取り崩して、民間からモノやサービスを購入したという事実だけが残るからです。

政府が発行した国債をいったん民間銀行が購入し、その国債を中央銀行が買う場合も、結局、政府が発行した国債を中央銀行が買うわけですから、国債の中央銀行引受と同様に、キーストロークによるファイナンスと同じです。

英米日の量的緩和でインフレは起きていない？

ＭＭＴ主張者の代表的存在である研究者達の共著 Mitchell, William, Randall Wray and Martin Watts（2019）*Macroeconomics*, Red Globe Press（以下では、ミッチェル等といいます）は、リーマン・ショック後、英米両国があれほど中央銀行貨幣（ベースマネーとかマネタリーベースといい、中央銀行券［日本では、日本銀行券、すなわち、紙幣］と民間銀行が中央銀行に預けている中央銀行預け金の合計）を増やすという「量的緩和」を実施してもインフレにならず、日本では、２０１３年4月以降、マネタリーベースを大幅に増やしたのに２％のインフレ目標を達成できず、デフレから完全に脱却できずにいることを理由に、中央銀行が貨幣を増やしてもインフレは起きない、と主張します。

しかし、これは事実に反しています。アメリカの中央銀行は長期的な個人消費支出の価格指数（以下、ＰＣＥと略します）の年変化率の目標（インフレ目標）値を２％に設定しています。リーマン・ショック後の09年のＰＣＥ前年比はマイナス０・３％へと低下しましたが、10年から21年までの平均は１・７％で、２％近辺で安定しています。この期間、原油価格（ＷＴＩ原油価格）が、16年には13年比で56％も低下し、逆に、21年は16年比58％も上昇するというように、大きな変動があったにもかかわらず、平均１・７％の水準を達成したことは、アメリカの量的緩和が長期的なインフレ目標の達成に成功したことを示しています。

イギリスの中期的インフレ（消費者物価前年比）目標は２％です。イギリスのインフレ率はリーマン・ショック後、低下し、09年9月には１％にまで低下しましたが、09年の平均で見れば、２％を維持し、09年から21年までの平均は１・８％で、中期的にインフレ目標をほぼ達成しています。

日本については、第7章で説明しますが、すでに述べたように、ミッチェル等は英米のリーマン・ショック後の量的緩和はインフレをもたらさなかったと主張しています。しかし、両国の中央銀行は中長期的なインフレ目標2％をほぼ達成しているのですから、ミッチェル等は、インフレ率が英米の中央銀行の目標インフレ率よりも高くならなかったことを理由に、インフレは起きなかったと主張していることになります。つまり、ミッチェル等は、2％より高いインフレにならなければ、「量的緩和」でインフレになったとは言えないと主張しているわけです。しかし、英米の中央銀行は、2％より高いインフレにならないように金融政策を運営しているのであり、実際よりも、「量的緩和」を長く続けたり、国債の購入量を増やしたりすれば、インフレ率をミッチェル等がお気に召すような高い水準（10％くらいなら、ご満足ですか？）まで引き上げることは、十分可能なのです。

ドイツのハイパーインフレも貨幣が急増したためではない!?

ミッチェル等は、2％のインフレ程度はインフレではないと考えているようで、いきなり、1920年代のドイツや2000年代初期のジンバブエのハイパーインフレーションの話を持ち出し、主流派経済学は「両国は財政赤字を必死に貨幣を刷って埋めようとしたため、多すぎる貨幣が少なすぎるモノを追い求める状態を作り出した。その結果、インフレは加速した」（643頁）というが、その主張は間違っているといいます。

ミッチェル等によると、1920年代のドイツのハイパーインフレは、敗戦で供給能力が著しく低下した状態で、巨額な戦勝国への賠償金を課せられたために発生したといいます。ドイツは賠償金を金《きん》で支払うように求められたため、貿易黒字を出して金を獲得する必要がありました。そのためには、税金を引き上げて内需を抑制し、輸出を増やさなければなりませんでしたが、税金を引き上げることは政治的に不可能でした。結局、貿易黒字を増やすことができず、したがって、GDPも税収も増やすことはできなかったため、賠償金を支払う唯一の方法は財政赤字を増やすことでした。この財政赤字の拡大がハイパーインフレの原因であって、貨幣が増加したのは、ハイパーインフレにより取引額が巨大になったため、決済手段である貨幣を天文学的に増やすしかなかったのだというのです。

その根拠として、ミッチェル等は、政府は中央銀行に国債を引き受けさせたのではなく、民間銀行に売却したことを挙げています。しかし、ドイツの1923年12月の現金残高は、22年1月の40億倍にも達したのです。これだけ現金が増加するためには、中央銀行がマネタリーベースである中央銀行預け金を民間銀行部門に大量に供給しなければなりません。なぜならば、現金は次のようにして、家計や企業に供給されるからです。すなわち、まず、民間銀行が中央銀行預け金から現金を引き出し、その現金を民間銀行の各支店に輸送します。次に、その現金を預金者が預金から引き出すことによって、家計や企業に現金が供給されます。

中央銀行が中央銀行預け金を民間銀行に供給するためには、民間銀行が保有している国債などの証券を買って、その買い入れ代金を、国債等を中央銀行に売った銀行の中央銀行預け金に入金しなければなりません。つまり、政府が中央銀行に国債を引き受けさせずに、民間銀行に売却したとしても、中央銀行が民間銀行から国債を買い取らないかぎり、現金は増えないのです。したがって、仮に、ミッチェル等の「政府は中央銀行に国債を引き受けさせなかった」ということが事実であれば、ドイツのハイパーインフレの期間に現金が40億倍も増えたことは、ドイツの中央銀行が民間銀行から大量に国債を買い取ったことを示しています。これは結局、中央銀行による国債引き受けと変わりはありません。

ドイツのハイパーインフレは、政府が巨額の財政赤字を中央銀行の国債引け受けでファイナンスすることによって、貨幣を急増させたために起きたことは、ハイパーインフレがどのようにして収束したかを見れば明らかです。それは次のようにして収束したのです。まず、1923年10月15日にそれまでの中央銀行だったライヒス銀行の業務は、レンテン銀行に引き継がれました。レンテン銀行が発行できる最大の現金量は、32億レンテンマルクに制限され、政府が発行する国債のレンテン銀行引受額にも、12億レンテンマルクの上限が設定されたのです。税収を増やし、政府支出を削減する改革も実施されました。この改革は賠償金支払いの猶予とドーズプランによる貸し付けなどによっても支援されました。

以上のような諸改革の断行によって、24年には政府財政は黒字に転じ、政府の中央銀行からの追加的借り入れは止まり、インフレは終息したのです。以上から、ミッチェル等のように、財政赤字を縮小する手段はなく、財政赤字の拡大がインフレを引き起こし、そのインフレが取引に必要な貨幣の増加をもたらした、と考える限り、インフレを止めることはできません。

ところで、ここで重要なことは、貨幣量の増加が鈍化する前に、レンテン銀行が現金供給額を

32億レンテンマルクに制限すると宣言した段階で、インフレ率が低下し始めたという点です。これは、現在の貨幣量ではなく、将来予想される貨幣量が現在のインフレに影響することを示しています。こうした予想の役割については、第7章で説明します。

MMTの就業保証プログラムは、無駄の温床

MMTは財政政策と金融政策では、雇用と物価の安定を達成できないと考えています。そのため、これらの目的を達成するために、「働く用意と意欲がある適格な個人なら、誰でも職に就けるように政府が約束する就業保証プログラム」が必要であるといいます。

就業保証プログラムとは、要するに、景気の変化に応じて、公務員を増やしたり減らしたりする政策です。しかし、公務員には、景気のいかんにかかわらず、なすべき仕事があり、そのためには、適正な数の公務員と適正な知識と技術を持った公務員の確保が必要です。就業保証プログラムでは、適正な知識も技術もない公務員が景気の変化に応じて、増えたり減ったりします。

このプログラムを提唱する人は、公務員が持っている知識や技術の水準を軽視、さらに言えば、馬鹿にしています。公務員としての知識や技術のない人が暇を持て余している様子が、目に浮かびます。このプログラムを実施すれば、膨大な無駄が生ずることは目に見えています。

北欧諸国が採用している、失業者が希望している技術を習得できるように職場を紹介し、職業訓練期間中は、雇用保険で所得を保証するという積極的労働市場政策の方が、はるかに有効な雇用政策です。この積極的労働市場政策であれば、失業者が望まない、公務員としての知識や技術を習得

する必要はありません。

現代貨幣理論と自称する理論が、貨幣政策とは無縁の「就業保証プログラム」に行き着くとは、ジョークでしかありません。「現代就業保証プログラム論」と名称を変えた方がわかりやすいのではないでしょうか。MMT批判については、265頁も参照してください。

3 行動経済学の批判的検討

著者が行動経済学に興味がなかった理由

マルクス経済学やMMTと同列に行動経済学を批判するのは、妥当性を欠き、気が引けますが、ここで、「行動経済学」を非主流派として取り上げるのは、行動経済学者自身が「行動経済学」は伝統的経済学（これは、主流派経済学のことを指しています）とは異なる経済学であると主張しているからです。

私はこれまで、行動経済学にほとんど興味がありませんでした。その主たる理由は、行動経済学が応用される分野の中心がマーケティングだったことです。マーケティングは経営学者とビジネスマンに任せておけばよいことで、経済学者の研究対象ではないと考えたからです。

なお、行動経済学を応用したマーケティングには、消費者を騙す、詐欺まがいのものが少なくありません。そのようなマーケティングに騙されないためならば、読者が行動経済学を学ぶ価値があるでしょう。企業がどのような手口（「30分以内にお電話くだされば、なんと、通常価格の半額でのご提供です！」などというテレビの宣伝文句）を使って、本来買わなくてもよいものを買わせようとしているかがわかれば、その手口に引っかかることなく、買わずに済むようになるからです。

本書では、紙幅の関係で、行動経済学を本格的に批判しません。行動経済学による日本の長時間労働の説明だけを取り上げます。

日本の長時間労働を「先延ばし行動」で説明できるか

行動経済学には、行動開始を「先延ばし」する、現在バイアスという概念があります。大竹文雄『行動経済学の使い方』（岩波新書、２０１９年）では、その例として、「小学生や中学生の頃に、夏休みの宿題をいつしたかを質問すると、多くの人は夏休みの終わりの方にしたと答える。ところが、夏休み前に、……宿題をいつやるつもりだったかを質問すると、多くの人は夏休みの前半にするつもりだったと答える」（24頁）という話が出てきます。この話は、大竹のお気に入りのようで、繰り返し出てきます。

ところが、私は逆で、面倒なことは先にさっさとすまして、後は、ゆっくり夏休みを楽しむ方でした。私のような人間は、行動経済学ではどのように分析するのか聞いてみたいのですが、私の周囲には行動経済学の専門家がいません。

大竹は日本の長時間労働を「先延ばし行動」理論で説明しています。大竹によれば、「伝統的な経済学では、競争的な労働市場において、労働者の意に沿わない長時間労働は発生しないと考えられている」（105頁）そうです。そうだとしたら、大竹が言及している伝統的労働経済学とは、ずいぶん非現実的な理論です。伝統的労働経済学によると、「労働者は自分が直面している賃金のもとで、自分の満足度が最大になるように時間を決定している」（105頁）そうであり、もし意に沿わず、長時間労働しているとしたら、企業が労働市場で「買い手独占」の地位にあるからだといいます。つまり、長時間労働は、いわばブラック企業だけで発生しているわけです。

読者はこれを聞いてびっくりされるのではないでしょうか。日本の正規社員は労働時間を、自分で満足度が最大になるように調整することなどできません。大竹氏のような大学の正規の研究者は、労働時間を自分の意に沿って調整できる、ごく少ない恵まれた人たちに分類されます。おそらく、一般の人から見れば、浮世離れした人が日本の労働問題を研究しているため、「労働経済学」は経済学の中でも現実の説明に失敗している、遅れた分野なのではないでしょうか。そこで、大竹の日本の長時間労働の原因に関する研究が、いかに「浮世離れしている」かを示しておきましょう。

行動経済学は長時間労働を次のように説明します。「現在バイアスの強い」労働者は、「就業時間内において重要な業務を先延ばししている可能性がある」（106頁）。ここに「現在バイアスとは、現在の楽しみに価値を置き、いやなことは先に延ばす行動」のことです。要するに、長時間労働は「子どもが夏休みの宿題を先延ばしする」のと同じで、実際に「子どもの頃」夏休みの宿題を先延ばししていた労働者は「長時間労働や深夜残業をする傾向が強いという研究もある」（106頁）といいます。本当でしょうか？

しかし、「あなたの夫は、子どもの頃から、夏休みの宿題を先延ばしする習慣から抜けきれなかったため、長時間労働や深夜労働残業する羽目に陥り、過労死したのだ」などと言われたら、過労死した夫のために企業を訴えている妻たちは浮かばれないでしょう。

私の大学教員時代のあるゼミ生（女生徒）の夫は、日本有数の官庁の高級官僚でしたが、毎晩、帰宅は午前2時を過ぎていました。私が彼の猛烈な長時間労働ぶりの話を本人から聞いて、彼の健康を心配して、忠告してから、4カ月くらいたって、彼は寝ている間に突然死して、還らぬ人になってしまいました。彼の奥様（元私の大学の女子ゼミ生）は「過労死」で当該官庁を訴えることも考えましたが、さまざまな事情を考慮して、訴訟を断念しました。この日本有数の官庁は「買い手独占企業＝ブラック企業」だったのでしょうか。

実は、私は日銀副総裁だった頃、この官庁のトップである事務次官と会ったことがあり、その時、「野党の国会質問の内容は前日の午後何時までに通知するという申し合わせがあるのですから、それを守らない野党の質問は受け付けないようにしてはどうですか」と提案したことがあります。野党議員（主として私の場合は、私に敵意を抱いていた民主党議員＝当時）の中には、午後11時過ぎに翌日の質問項目を文字数10字程度の箇条書きで送ってくる議員が少なくありませんでした。どんな質問が来るかわからないので、日銀の各部署の人たちは、質問が届くまで待機し、質問が来ると、それから回答文を書くのです。これが、日銀の従業員が午前様になる主たる理由です。

だからこそ、私は右に述べた事務次官に会ったときに、右のように提言したのです。ところが、なんと、その事務次官は「わっはは」と笑いながら、「面白いご提案ですな」と言って、私の意見をまともに聞こうとしませんでした。事務次官と一緒に来た官僚たちは、この上司の対応をどう感じていたのかわかりませんでしたが、じっと黙っているだけでした。私は「笑いごとで済ませることか。過労死がこれだけ問題になっているのに」と怒り心頭に発しましたが、日銀の中で喧嘩するわけにもいきませんでした。

立憲民主党（私が日銀副総裁だった頃は、民主党）は、自分たちで官僚（日銀を含む）を午前1時～2時頃まで働かせておいて、「人権を語り、ホワイトカラーエグゼンプション（労働時間でなく、成果に対して報酬を払う制度）を『過労死をもたらすゼロ残業反対』と批判する」資格があると思っているようです。

日本で、長時間労働がなくならない要因としては、右に述べた野党の国会質問のあり方のようなものもありますが、基本的には、一定時間内に達成することを要求するノルマが多すぎるからです。私の大学教員時代のゼミ生で、就職し、結婚しても会社を辞めずに頑張っている、ある女性は、「先生。経済学の労働時間の決定理論はまったく非現実的ですね。実際は、もう1時間頑張って、課せられた仕事を上司に気に入られるように、早く済ませて、かつ上司が気に入るような報告書を書きあげれば、将来どれだけ昇進し、給与も上がるかを考えて、仕事をしているんです。ノルマは次々に来ますから、長時間労働になるに決まってます」といいます。

つまり、労働者は行動経済学の考えと異なり、現在の賃金（行動経済学では参照点といいます）だけでなく、現在の自分の労働が、将来の自分の労働条件（給与がどれだけ上がるか、やりがいがある仕事に就けるかどうかといったこと）をどのようなものにすることができるかを考えて、次々に課せられるノルマをこなしているのです。

日本の長い労働時間を「子どもの夏休みの宿題」と同じレベルで考えるようでは、日本の長い労働時間を北欧並みに短くすることは、永久にできないでしょう。「日本の行動経済学者の皆さん、しっかりしてください」と叱咤激励する次第です。

この章では、非主流派の経済学として、マルクス経済学、ＭＭＴおよび行動経済学を取り上げ、かなり厳しく批判しました。そこで、次章では、私がまともな経済学と考える主流派の経済学を取り上げます。

第6章　主流派経済学

前章では、非主流派経済学や異端の経済学について批判的に紹介しましたが、この章では主流派経済学の話をしましょう。しかし、主流派経済学は時代とともに変わってきました。そこで、ここでは、主流派経済学の変遷の歴史を紹介しておきます。

1　限界革命による古典派から新古典派へ

限界が価値（価格）を決める

18世紀から19世紀の終わりに、以下に述べる「限界革命」が起きるまでは、スミス等の「古典派経済学」が主流派経済学であり、マルクス経済学は非主流派でした。しかし、古典派経済学も「資本論」と同様に、価格決定理論としては「労働価値説」を採用していましたが、この説では、「ダイヤモンドと水のパラドックス」をうまく説明できませんでした。このパラドックスは、限界革命といわれる理論の登場によって解決されます。

限界革命は、1870年のほぼ同時期に、ウィリアム・スタンレー・ジェボンズ（イギリス、1835－1882）、カール・メンガー（オーストリア、1840－1921）、およびレオン・ワルラス（フランス、1834－1910）の三人の経済学者による、古典派経済学とは全く異なる価格理論の構築を指す言葉です。

限界革命による価格の決定理論とは、私たちはモノやサービスの消費から効用（あるいは、満足）を得ますが、例えば、ダイヤモンドと水を購入するときには、それぞれをもう1単位追加して購入した時に得られる効用を比較して、その追加的購入による効用が大きい方に、高い価格（価値）をつけるという考え方です。

このもう1単位追加したときに得られる効用を限界効用といいます。したがって、モノの価格は限界効用によって決まることになります。

例を挙げて説明しましょう。水は生活に欠かせないという意味で、効用は大きいのですが、追加的にもう一杯の水を飲む時に得られる効用、すなわち限界効用は水を多く飲むにつれて小さくなります。のどが全く乾いていないときや、料理をしないときなどの水の限界効用はゼロに近いでしょう。

それに対して、普通の人はダイヤモンドをほとんど持っていませんから、ダイヤモンドをもう1単位追加購入するときの限界効用はきわめて高くなります。このダイヤモンドの限界効用の高さの結果、ダイヤモンドには高い価格がつけられるのです。

実際に、自分の消費行動を考えてみれば、限界効用と実際に店頭で表示された価格を比較して、モノを買うかどうかを決めていることがわかります。例えば、主婦のスーパーでの買い物を考えてみましょう。今夜の食事は肉にしようと思い、豚肉を購入したとします。明日はどうするでしょうか。豚肉が昨日と同じ価格で売っているとして、今日も豚肉を購入して夕食を豚肉料理にしようとするでしょうか。おそらく肉食が好きなら、今日は牛肉か鶏肉にするでしょう。肉ばかり食べているのは、栄養バランスが良くないと考えれば、魚を買うかもしれません。

つまり、よほど豚肉が好きな人でないかぎり、毎日、豚肉料理を食べないのです。それは、豚肉価格が昨日と同じでも、昨日に追加して、今日も豚肉料理を食べる効用、つまり、豚肉料理の限界効用が低下するためです。そのため、例えば今日は久しぶりに魚料理にしよう、などと考えます。久しぶりに魚料理を食べることは、魚の限界効用が高いということです。それなら少々魚の価格が高くても、今日は魚を買おうということになります。

このように、主婦が毎日違った食材を買って料理するのは、同じ料理を食べていると、その料理の限界効用が低下するためです。日常語でいえば、「同じ料理ばかり食べていると飽きる」ということです。

限界効用理論は限界効用が価格を決定する理論であると述べましたが、これは理論を理解しやすくするためであって、正確ではありません。というのは、この理論は需要者側からだけ見ているからです。モノを供給する側も考慮しなければなりません。

この供給者の行動も、限界革命では、供給者はモノをもう1単位、追加的に生産を増やすときにかかる費用――これを限界費用といいます――が価格と一致する量まで供給する、と考えます。

詳しい説明は省略しますが、あるモノの価格は次のように決まります。まず、消費者はあるモノの限界効用とその価格とを比較しながら、消費量を決めるという関係から、あるモノに対する需要曲線が導かれます。

一方、供給者はあるモノの限界費用とその価格とを比較しながら、供給量を決めるという関係から、あるモノの供給曲線が導かれます。

需要曲線と供給曲線が交わる点で、需要と供給が等しくなり、そのように需要と供給を等しくする価格が、そのモノの均衡価格です。

しかし、実際の価格がこの均衡価格から離れる場合があります。たとえば、実際の価格が均衡価格よりも低いとしましょう。すると、当該のモノの市場では、価格が低いため、需要の方が供給よりも大きくなります。そのため、その価格では購入できない消費者が現れ、その消費者はより高い価格でも当該のモノを購入しようとするでしょう。その結果、価格は需要と供給を等しくする均衡価格に向かって上昇します。

限界革命を起こした一人であるワルラスは、多数のモノやサービス（労働や機械のような資本などの生産要素を含む）の市場を考え、それらの相互依存関係を考慮して、すべての市場で需要と供給を等しくするような均衡価格が同時に成立するメカニズムを明らかにしました。これを一般均衡理論といいます。これにより、今日の「ミクロ経済学」の基礎が出来上がりました。

「労働価値説」に別れを告げた限界革命後の経済学は、新古典派経済学と呼ばれます。

使用価値と価値（価格）の関係

マルクスにとっては、労働力が作り出した価値が使用価値です。それに対して、新古典派経済学における、あるモノの使用価値とは、そのモノを全部消費したときに得られる全効用です。この全効用は価格を決定する要因ではありません。価格の決定に関係するのは、全効用ではなく、限界効用です。

水の使用価値とダイヤモンドの使用価値を比べることは、水の全効用とダイヤモンドの全効用とを比較することです。この比較では、水は生きていくうえで不可欠ですが、ダイヤモンドは生きていくうえで不可欠ではないので、水の全効用（水の使用価値）はダイヤモンドの全効用（ダイヤモンドの使用価値）よりも大きくなります。

それに対して、水とダイヤモンドの相対価格（水の価格に対するダイヤモンドの価格比）は、水の限界効用とダイヤモンドの限界効用との比で決まります。したがって、この比は1よりもかなり小さくなります。

以上のように、新古典派経済学では、マルクス経済学のように、使用価値と価値（価格）とが一致しない理由をいろいろ考えて悪戦苦闘することはないのです。マルクス経済学者の間ではこの悪戦苦闘がいまだに続いており、155年経っても、明快な回答が出ていません。それは当然です。なぜならば、そもそも、『資本論』の「使用価値」を「すべて労働が生み出した価値である」という前提が、すべての混乱のもとになっているからです。

2 ケインズ経済学と新古典派理論

イギリスでは、第一次世界大戦後、失業者が急増し、大恐慌が世界を襲った1930年代に入ると、失業率は10%を超えるようになりました。

新古典派経済学は、自発的に職に就こうとしないという意味での自発的失業者の発生は説明できましたが、現行の賃金で働く意欲を持っているのに、職に就けない非自発的失業者の発生を説明することはできませんでした。というのは、新古典派経済学では、非自発的失業が存在する限り、名目賃金が低下し、それに伴って実質賃金（物価で調整した後の賃金）が、企業が雇用してもよい水準まで下がると考えられているからです。

当時の急増した失業者を、自発的失業者であると考えることには無理がありました。こうした状況を背景に、ジョン・メイナード・ケインズは失業問題の研究にとりかかりました。その研究成果が1936年に出版された『雇用・利子および貨幣の一般理論』（以下、『一般理論』と略称します）です。しかし、実のところ、『一般理論』の公刊は遅すぎました。というのは、36年には、多くの国が大不況から脱出しつつあったからです。しかし、それでも、『一般理論』は第二次世界大戦後、英米、とくにアメリカで、若い世代の経済学者を中心に急速に支持者が拡大しました。ポール・サミュエルソン（1915-2009）、ロバート・ソロー（1924-）、ローレンス・ロバート・クライン（1920-

2013）などがその代表で、三人ともノーベル経済学賞を受賞しています。彼らはケインジアンと呼ばれました。

イギリスのジョン・ヒックス（1904-1989）は、『一般理論』をIS-LM曲線でわかりやすく解説しましたが、むしろ、一般均衡理論の精緻化に取り組んだ経済学者といった方が適切です。50歳を過ぎたころから自分自身の業績を次第に否定するような方向に転じ、新古典派経済学に批判的になりました。したがって、ヒックスはケインジアンではなかったといえます。

ケインズは『一般理論』で、それまでの経済学を「古典派経済学」と呼んで批判しましたが、ケインズがそう呼んだ経済学は、経済学説史では、「新古典派経済学」と呼ばれています。

ケインジアンの経済学（ケインズ経済学と呼ばれます）は次の特徴を持っています。①金融政策は総需要をコントロールする上では無効である、②完全雇用（非自発的失業が存在しない状態）は財政政策によって達成できる、③完全雇用経済では、新古典派経済学が現実を説明する最も有力な理論になる。

以上の特徴を持つケインズ経済学を、サミュエルソンは「新古典派総合」と命名しました。

3 貨幣数量理論の進化

古典派経済学の中心課題は物価がどう決まるかではなく、個々のモノやサービスの価格がどのようにして決まるかという点にありました。それに対して、個々のモノやサービスの価格を各々の生産量の割合で加重平均した生産者物価や、各々の消費量の割合で加重平均した消費者物価といった、「物価」という概念が存在します。

この物価がどのように決まるかについての議論は、リチャード・カンティヨン『商業試論』（1730年から32年の間に執筆され、死亡後に刊行されたと考えられています）やデイヴィッド・ヒューム『経済論集』（1752年）に遡ります。

ヒュームは、長期的には、貨幣量は比例的に物価を上昇させるだけだが、「貨幣量の変化は、その増減のいずれにせよ、それに比例した物価の変化を直ちにはともなわない……事態が新しい状況に調整されるまでには、つねにある間隙があり、この間隙は、金銀が増加しつつあるときには産業活動にとって有利であるが、同様に、金銀が減少しつつあるときはそれにとって有害である」（田中敏弘訳『ヒューム政治経済論集』お茶の水書房、1983年、40頁）と述べています。同様の記述は、右で言及したカンティヨンにも見られます。

この考え方は、リカードなどの古典派経済学に引き継がれ、貨幣数量理論（Quantity Theory of Money 日本では、貨幣数量説と呼ばれますが、その英語名を正確に訳せば、貨幣数量理論になるので、本書では、この用語を使用します）と呼ばれます。

この貨幣数量理論は、「貨幣は短期的には、生産量といった実質経済変数と物価とに影響するが、長期的にはその増減は物価の上昇・低下をもたらすだけである」という考えです。貨幣が長期的には実質経済変数に影響を及ぼさないことを、「貨幣の長期的中立性」といいます。

貨幣数量理論は、アービング・フィッシャー（1867–1947）やアルフレッド・マーシャル（1842–1924）などの新古典派経済学によっても引き継がれましたが、「貨幣の短期的非中立性」と「貨幣の長期的中立性」いう考えに変わりはありません。

貨幣数量理論をより明確にしたのは、ミルトン・フリードマンの１９５６年の論文“The Quantity Theory of Money-A Restatement”（in M. Friedman ed., Studies in the Quantity Theory of Money）と、この理論の妥当性をアメリカの金融史によって実証的に明らかにしたFriedman, Milton and Anna J. Schwartz（1963）. A Monetary History of the United States, 1867–1960（抄訳、久保恵美子訳『大収縮1929–1933「米国金融史」第7章』日経ＢＰクラシックス、２００９年）です。

フリードマンのこの論文は、シカゴ大学で言い伝えられてきた「貨幣数量理論」を整理したものです。私は大学院修士課程の一年生の時に、金融論の授業でこの論文の存在を初めて知りました。そのときの印象は、貨幣需要に影響を及ぼす経済変数を何でもかんでも入れ込んだ、ごちゃごちゃした理論で、『一般理論』やケインジアンであるTobin, James（1969）“A General Equilibrium Approach to Monetary Theory”（金融理論への一般均衡アプローチ）の貨幣需要関数の方がすっきりして、わかりやすいというものでした。

担当教授と出席していた助手や博士課程の学生は、皆、ケインジアンでしたから、口々にフリードマン論文を低評価する発言をしていたことを記憶しています。

私がフリードマンの論文やフリードマン＝シュウォーツ（1963）を評価し始めたのは、日本経済が90年代入り後に、バブル崩壊からデフレに向かう過程を研究し始めてからです。

インフレやデフレの原因や金融政策運営を考えるうえで重要なことは、フリードマンが再定式化した貨幣需要関数と『一般理論』の貨幣需要関数（これは、「流動性選好理論」であり、「一般理論」の要となる関数です）との決定的な相違を知ることです。両者の違いは次の点にあります。①『一般理論』では、貨幣の代替資産として債権（貸付債権や債券）だけが考慮されているため、貨幣需要は名目利子率と実質GDPの関数になります。②フリードマンの貨幣数量理論では、貨幣の代替資産は、各種の金融資産（国債や事業債などの債券、株式など）、実物資産（機械などの設備や不動産など）および消費財などです。このように、多くの貨幣の代替資産が考慮されているため、フリードマンの貨幣需要関数は、『一般理論』のように簡明でなく、ごちゃごちゃしている印象を与えるのです。

さて、ここで、最も重要な点を指摘しておきましょう。フリードマンの貨幣需要関数では、貨幣の代替資産として、実物資産や消費財が代替資産として取り上げられています。したがって、これらの価格の予想される変化率、すなわち、予想インフレ率が貨幣需要に影響します。この予想インフレ率を考慮すると、貨幣需要は金融資産の収益率（国債などの証券であれば、利息が確定しているので、その収益率は名目利子率になります）から予想インフレ率を差し引いた、予想実質収益率に影響されます。株式の予想収益率は推定が困難であるため、最近の金融政策では、名目利子率ではなく、観察可能な名目利子率から予想インフレ率を差し引いた予想実質利子率が重視されています。そのため、中央銀行が予想インフレ率を推定するための手法が発達しています。

このように、ケインズの貨幣需要は予想インフレ率の影響を考慮していない点で、現代の進化した金融政策運営から見ると、欠陥を抱えています。なぜならば、人々や企業はインフレを予想して行動しているからです。

フリードマン＝シュウォーツ（1963）は、アメリカの1867年から1960年の93年間に及ぶ期間における金融史の歴史的実証研究です。彼らがとった手法は、貨幣量が比較的大きく変化した後に、名目GDP、実質GDPおよび物価がどのように変化したかを調べることでした。その結果わかったことは、貨幣量の変化はまず、実質GDPに影響し、物価への影響は遅れるということです。これは、名目GDPとは、定義によって、物価と実質GDPの積であることを考慮すると、貨幣量の変化はまず名目GDPに影響を与えるが、物価への影響が遅れるため、実質GDPへの影響が先に現れ（したがって、雇用量への影響も比較的早く現れる）、時間とともに、実質GDPへの影響は減衰し、代わって、物価への影響が次第に高まります。長期的に成立する均衡では、貨幣の実質GDP（や雇用）への影響は消滅し、物価への影響だけが残ります。

以上から、フリードマンは「貨幣は長期均衡に達するまでは、名目GDPや実質GDPおよび物価に影響する重要な変数であるが、長期均衡では、実質経済には影響せず、物価だけに影響する。したがって、貨幣は短期的には実質経済に対して中立的ではないが、長期的には中立的である」という命題を導きました。

ここで注意すべきは、短期と長期という概念は分析上の概念であり、実際の時間とは異なる概念であるということです。つまり、1年だったら短期で、それを超えれば長期であるといったことではありません。フリードマン＝シュウォーツは、貨幣が変化してから長期均衡に達するまでに数年から数十年近くかかった事例を発見しています。

ところが、日本では、『貨幣数量理論』は短期的にも長期的にも「中立性」を主張する理論だという誤解が、経済学界でも支配的です。

ケインズ経済学の退潮と「貨幣数量理論」の重視

第二次大戦後から1960年代までの主流派経済学はケインズ経済学で、その目的は完全雇用の達成で、そのための政策手段は財政政策であり、金融政策は有効でないと考えられていました。実際に、60年代は、財政支出前年比は5％～13％で大きく増加しました。しかし、経済成長も高かったため、税収が増加し、財政赤字のGDP比はその後のアメリカ経済と比較して低水準を維持していました。これは、財政赤字というネットで見た財政政策の総需要拡大効果は小さかったことを意味します。それよりも、ケインズ経済学が、金融政策の総需要拡大効果は小さいと考えていたにもかかわらず、この期間、貨幣量が年平均6・6％で増加したことが注目されます。この増加速度はその後のアメリカ経済と比較しても、かなり高い水準です。

この期間、失業率は61年の5・5％から69年には3・5％へと低下し、完全雇用が実現しました。しかし、インフレ率は60年の1・1％から69年には5・4％まで上昇しました。このように、ある程度のインフレ率の上昇を許容すれば、失業率が低下する限り、ケインズ経済学は有効な経済学であると考えられました。このことが、この時期、ケインズ経済学が主流派と認められた理由でしょう。

しかし、70年代に入ると、ケインズ経済学に対する信頼を低下させる事態がじわじわと起こり始めました。インフレ率はますます高まりましたが、失業率は低下しなくなったのです。アメリカ経済は、73年に起きた第一次石油ショックの影響もありましたが、大幅な財政支出の増加にもかかわらず、74年と75年はマイナス成長に陥り、失業率はそれぞれ、6％と9％へと跳ね上がり、インフレ率はそれぞれ、11％と9％という高水準を記録しました。

こうした、高い失業率と高いインフレ率の共存状態をスタグフレーションといいます。

ケインズ経済学は、このスタグフレーションがなぜ発生するのかを説明することができませんでした。そのため、ケインズ経済学は主流派の座から落ち始めました。スタグフレーションを理論的・整合的に説明したのは、フリードマンの予想インフレ率を重要な要素とする、進化した「貨幣数量理論」でした。

アメリカの70年代は、拡張的な財政政策と金融政策（貨幣量の年平均増加率は8％台に上昇）とが同時に進められたため、総需要が拡大しすぎて、インフレ率が高まった時期です。インフレ率の上昇は、企業と労働者の予想インフレ率を高めました。予想インフレ率が上昇すると、企業は将来のインフレ率の上昇を見込んで、値上げするようになります。労働者はインフレ率の上昇による賃金の購買力の低下を避けようとして、賃上げを要求するようになります。企業はこの賃上げを値上げによって消費者に転嫁できると考えて、賃上げ要求を受け入れるようになりました。このようにして、予想インフレ率の上昇は、賃上げと値上げをもたらし、その結果、実際にインフレ率が上昇するという、予想の自己実現という現象をもたらしたのです。

結局、失業率には、財政政策や金融政策のようなマクロ経済政策ではそれ以下には下げられない下限が存在することが判明します。この失業率は、貨幣量や名目金利の操作では下げられない失業率という意味で、自然失業率と呼ばれます。

フリードマンが明らかにしたことは、①物価の安定のためには、貨幣量増加率を大きく変化させる政策を避け、安定化させる政策が有効である、②財政金融政策によっては、失業率を自然失業率以下に引き下げることはできない、③失業率を自然失業率以下に引き下げようとする財政金融政策は、インフレを引き起こすだけである、④自然失業率を引き下げるためには、職業紹介や職業訓練に関連する制度の整備などが有効である。

長期的な均衡では、②から④が成立することについては、現在の主流派経済学にも引き継がれています。

4 ミクロ的基礎を持ったマクロ経済学の誕生——合理的予想形成派

ケインズ経済学は70年代のスタグフレーションを理論的・整合的に説明できなかっただけでなく、経済主体の最適化行動というミクロ的基礎を欠いている、という点でも批判され、70年代半ばから、ミクロ的基礎を持ったマクロ経済学が構築されるようになりました。その先端を切ったのは、ロバート・ルーカスです。その後、トーマス・ジョン・サージェント、ニール・ウォーレス、ロバート・バローなどが続き、合理的予想形成理論を構築しました。彼らは、新しい古典派（ニュー・クラシカル）と呼ばれます。なお、日本では、「rational expectation」を「合理的期待」と訳すのが通例になっていますが、期待は「良いことを期待する」というように、プラスの含意を持った言葉ですので、本書では、価値中立的な合理的予想という語を使います。

サージェント（*Bounded Rationality in Macroeconomics*, Oxford University Press 1993）によれば、合理的予想形成理論は次の二つの仮定を前提にしています。

第一の仮定は、人々は自らが持っているさまざまな情報（これを情報集合といいます）を利用して、予測誤差の分散が最小となるような予測を形成する、という仮定です。この予測を「合理的予想形成理論」では、最適予測と命名しています。

第二の仮定は、人々が持っている経済構造に関する認識は真の経済構造と一致しているという仮定です。

合理的予想形成理論では、あらゆる市場で価格は常に需要と供給を等しくするように決定されるとされますから、短期と長期の均衡の区別はなくなり、常に、失業率は自然失業率に一致し、完全雇用が達成されます。したがって、フリードマンの「貨幣数量理論」とは違って、短期的に、予想インフレ率と実際のインフレ率とが一致しないために、非自発的失業が発生することもありません。

5　ニューケインジアン・エコノミクスが主流に

ルーカスらの合理的予想形成理論は一世を風靡しましたが、現実の経済現象を説明する点では、難点があり、実際の政策運営に対してもほとんど影響することがなかったといえます。

それに対して、1990年代の終わり頃から、価格の粘着性や情報に関する不完全性を考慮したマクロ経済学が登場しました。これはケインズの資本主義観を引き継ぐ経済学であり、ニューケインジアン・エコノミクス（New Keynesian Economics）と呼ばれます。

ニューケインジアン・エコノミクスは進化を遂げつつある経済理論ですが、「価格の粘着性」を強調する点で、『一般理論』を継承しており、新しい古典派と最も異なる点です。他方、『一般理論』やケインズ経済学と異なる点は、①ミクロ的基礎を持ったマクロ経済学である、②経済主体の予想を明示的に取り入れていること、です。①と②については、新しい古典派と共通しています。

ニューケインジアン・フィリップス曲線とインフレ率の決定

ニューケインジアン・エコノミクスはいくつかの構成要素から成り立っていますが、ここでは、そのうちの重要な構成要素であるニューケインジアン・フィリップス曲線（New Keynesian Phillips Curve　以下、ＮＫＰＣ）とその金融政策に対する含意を説明しておきましょう。

ケインズ経済学では、フィリップス曲線は「今期のインフレ率は、前期のインフレ率と今期の失業率に依存する」という関係を示しています。あるいは、失業率とGDPギャップ（実際の実質GDPと潜在的GDPの差）との間には密接な正の相関があるので、失業率をGDPギャップでおきかえて考えることもできます。なお、潜在的GDPとは、労働と資本とをフル稼働させたときに達成できる最大の実質GDPです。

一方、NKPCは、「今期のインフレ率は来期の予想インフレ率と今期のGDPギャップに依存して決まる」という関係式を表しています。予想インフレ率の上昇は今期のインフレ率を高め、GDPギャップの拡大はGDPに対する総需要がGDPの最大の供給能力（すなわち、潜在GDP）との差が拡大することを意味しますから、今期のインフレ率を引き上げます。

今期のインフレ率が来期のインフレ率に依存すると考えるのは、経済主体（家計や企業）は将来を予想しながら、現在の行動を決定するからです。人々の予想インフレ率は、その人が利用できる情報に依存します。

例えば、朝の出勤前のテレビで、「夕方過ぎからは、雨になりそうですので、夕方過ぎに外出される方は、傘をお持ちになったほうがよろしいでしょう」という放送が流れれば傘を持って出かけるように、天気予報という情報が、その人が傘を持って出かけるかどうかの決定に影響します。

予想インフレ率が、経済主体が利用可能な情報に依存するのであれば、中央銀行は経済主体の予想形成に働きかける情報を送ることによって、予想インフレ率を中央銀行が目標とするインフレ率の方向に誘導することが可能になります。これは、気象庁がテレビ等で天気予報という情報を送って、人びとの傘を持って出かけるかどうかの決定に影響を及ぼすことと、基本的に同じです。

それでは、ＮＫＰＣで、価格が粘着的であることはどのような意味を持つでしょうか。

ＮＫＰＣがモノの価格が粘着的であると仮定することは、実際、数多くのサーベイ調査等によって、現実の商品・サービスの価格は頻繁には改定されないという事実に基づいています。例えば、アメリカのある研究によれば、価格改定の頻度は企業や商品ごとに異なるが、中位値は一年に一回程度です。

ＮＫＰＣで、価格が粘着的であると仮定する第二の根拠は、実際のモノやサービス（以下では、サービスは省略します）の市場は、「独占的競争」状態にあることが一般的であるという点です。独占的競争市場とは、数多くの企業がそれぞれ差別化されたモノを生産している市場です。ある企業が生産・販売しているモノが他社のモノとまったく同じではなく、ある程度違っていれば、その企業は他社とは異なる価格をつけることができます。この意味で、この企業は「独占的」です。しかし、他の企業も全く同じではないが、似ているモノを生産・販売している以上、他の企業よりも高すぎる価格をつけると、顧客に逃げられてしまいます。この意味では、この企業は「競争的」な環境に置かれています。

以上の性質を持つ「独占的競争」では、企業は自らの価格設定が他社の価格設定にどのような影響を及ぼすかを考慮に入れなければなりません。例えば、２０２２年現在、ロシアのウクライナ侵略が世界的に問題になっています。民主主義諸国がロシアに対して経済制裁をし、それによって引き起こされた原油価格高騰に対する、企業の反応を考えてみましょう。仮に、原油価格の上昇が22年に起きたほどでなく、小幅であれば、エネルギーを使用する企業の生産費用（厳密には、限界費用）はそれほど上がらず、したがって、利益もそれほど減少しないと考えられますから、企業は価格を据え置く可能性が高いと考えられます。価格を据え置いたときの利益の減少に比べて、価格を引き上げたときに、顧客を他社に奪われることによる利益の減少の方が大きいからです。他社も同じように行動すれば、価格の粘着性が発生します。

しかし、22年4月の原油価格は1年前よりも1・6倍も上昇しました。これほど上昇すると、エネルギーを使用する企業の利益は大きく圧迫され、赤字になる可能性があります。したがって、どの企業も、他社も値上げするであろうと予想し、自社だけが値上げすることにより顧客を奪われる恐れはないと考えて、値上げに踏み切るでしょう。こうした企業行動の結果、エネルギー集約的商品（エネルギーの使用量が多い商品。ガソリン、食料品など）の価格は上昇します。つまり、22年に起きたような原油高騰は、エネルギー集約的商品の価格の粘着性を打ち破ります。

エネルギー集約的商品価格が大きく上昇するとき、その他の商品価格が粘着的であると、消費者物価は上昇します。

原油価格の高騰は、予想インフレ率とＧＤＰギャップに対して次のような影響を及ぼします。

予想インフレ率から考えてみます。予想インフレ率は、原油価格の高騰がいつまで続くかという予想に依存します。ロシアとウクライナの戦争が長引くと予想されれば、予想インフレ率は高まるでしょう。逆に、それほど長引かずに、２０２３年内に安定的な停戦合意が成立するであろうと予想されれば、すでに上昇している予想インフレ率がさらに上昇することはないでしょう。

次に、ＧＤＰギャップを考えます。原油価格高騰は生産費用を引き上げるため、マクロ経済全体の供給能力である潜在GDPの低下を招きます。したがって、実際のGDPと潜在GDPの差である、GDPギャップは拡大します。その結果、現在のインフレ率は上昇します。

情報に関する現実的な理論への進化

ニューケインジアン・エコノミックスは情報に関しても、合理的予想形成理論よりも現実的な仮定を取り入れて、進化しつつあります。ここでは、合理的無関心仮説、粘着情報仮説、適応的学習仮説の三つを紹介しておきましょう。

①合理的無関心仮説

経済主体の情報処理能力には限界があります。情報処理能力に限界があると、経済主体にとっては、その能力を自身に対して重要性が高い情報の処理に割り当てることが、合理的になります。このため、経済主体が重要性が低いと判断した情報は、予想に織り込まれなくなります。例えば、私が経済問題を研究するとき、マルクス経済学者の研究をほとんど無視するのは、合理的無関心の例です。

②粘着情報仮説

情報の取得には費用がかかります。この場合には、経済主体は必ずしも常に情報を取得して情報を更新しないため、情報が予想に織り込まれるまでには時間がかかり、同じ情報のもとで行動することになります。例えば、株式投資の際には、投資の対象になっている企業のこれまでの業績や将来の業績予想の資料にあたった方が望ましいでしょう。しかし、そのためには、時間を割き（時間を割くことは費用です）、適切な資料を探して、理解するための費用がかかります。そこで、多くの人が株価の変動だけを見て、売り時や買い時を決めているのは、この例です。

③適応的学習仮説

この仮説は、経済主体は、現在および過去の実際の経済の動きを観察する（さらに、経済書や経済論文を読みながら？）ことによって、経済の変動法則に関する知識を経験的に習得し、その学習で得た知識をもとに予想を形成する、と考えます。

ニューケインジアン・エコノミックスと貨幣数量理論の関係

それでは、ニューケインジアン・エコノミックスと貨幣数量理論とはどのような関係があるでしょうか。ニューケインジアン・エコノミックスでも、貨幣需要関数は名目利子率と予想インフレに依存するように定式化されています。この貨幣需要が予想インフレに依存するという点は、ニューケインジアン・エコノミックスは貨幣数量理論の根幹的部分を取り入れていることを意味します。

しかし、１９９０年代以降の金融政策は、短期金利（政策金利といいます）を操作して、物価の安定や雇用の最大化を図ろうとするもので、貨幣量をコントロールしようとするものではない、と考えられてきました。この意味で、フリードマンの①（１４１頁参照）は現代の中央銀行の金融政策では重視されていないように見えます。

それに対して、岩田『資本主義経済の未来』は、90年代以降、欧米の物価が70年代から80年代にかけてよりも、はるかに安定化した要因は「貨幣量増加率の安定化」に成功したためであったことを示しています。

短期金利は、中央銀行がマネタリーベースの供給量を変化させることによって変化します。したがって、中央銀行は短期金利を操作するためには、マネタリーベースを操作しなければなりません。これは「金利」と「マネタリーベースという量」は、コインの表と裏の関係にあるからです。すなわち、中央銀行が短期金利を操作することは、マネタリーベースを操作することと同じであり、その操作によって貨幣量増加率を安定化させた国が、物価の安定に成功しているのです。

ニューケインジアンであるポール・クルーグマン（"It's Baaack: Japan's Slump and the Return of the Liquidity Trap," *Brookings Papers on Economic Activity*, No.2, 1998）は、政策金利がほぼゼロになった日本経済がデフレから脱却するためには、中央銀行が、各経済主体が将来は貨幣量が増えると信ずるような政策にコミットすることにより、予想インフレ率を引き上げることが可能であることを示し、この論文をきっかけに、量的緩和への関心が高まりました。

実際に、日本では、２００１年２月に、政策金利である無担保コールレート（短期金利）がほぼゼロになると、それをゼロ以下に引き下げて、一層、金融を緩和することができなくなったと考え、同年3月19日に、金融政策の操作目標を短期金利から「日本銀行当座預金残高（以下、日銀当座預金と略称します。これはマネタリーベースのうちの現金を除いたもので、中央銀行預け金です）」に変更しました。

１６０頁で述べるように、中央銀行預け金残高が増加すると、民間銀行の貸し出しが増加して、預金という貨幣が増加します。

右の「日銀当座預金残高」を金融政策の操作目標とする政策を、「量的緩和」といいますが、量的緩和は貨幣量の増加によるデフレからの脱却を目指す政策ですから、「貨幣数量理論」の泰斗であるフリードマンが、1930年代のアメリカがデフレ大不況から脱出するため実施すべきであったと主張した政策と同じです。

この量的緩和は2006年に解除され、金融政策の操作目標はふたたび無担保コールレート（オーバーナイト物）になりましたが、リーマン・ショック後、デフレが続き、経済も低迷したため、2010年に、「包括的な金融緩和政策」を採用し、ゼロ金利政策（無担保コールレートを、0〜0・1％程度で推移するよう促す）とともに、「資産買入等の基金」を通じて、資金の貸付と資産（長期国債、短期国債、CP、社債、ETF、J-REITなど）を買入れるという「量的緩和」政策が実施されました。

しかし、これらの金融政策ではデフレ脱却ができなかったため、2013年4月4日から、「量的・質的金融緩和」が開始され、金融政策の操作目標は、無担保コールレートからマネタリーベースに変更されたのです。この点は、より詳しく第7章で説明します。

リーマン・ショック後は、アメリカ、イギリスおよびヨーロッパ中央銀行（ユーロ圏の中央銀行）は政策金利をほぼゼロに設定したうえで、国債等を大量に購入する「量的緩和」政策を実施し、インフレ目標を達成したのち、中央銀行保有の国債等の資産残高を維持ないし、減らしつつ、短期金利を引き上げる政策に移行しました。リーマン・ショック後のアメリカの金融政策を主導したのはニューケインジアンであるベン・バーナンキとその後を継いだジャネット・イエレンの両FRB議長です。

ところが、英米ユーロの中央銀行が「量的緩和」から短期金利操作に戻ったのもつかの間、2020年3月に新型コロナウイルスが発生したため、ふたたび大規模な量的緩和政策が採用されました。スウェーデンの中央銀行も新型コロナ発生後、国債などの資産購入政策（量的緩和）を実施しました。

日本では、量的緩和は「非伝統的金融政策」と呼ばれ、特異な金融政策と考えられてきましたが、リーマン・ショック後は、英米ユーロ等の中央銀行のホームページには、「金融政策には金利操作と量的緩和（長期・短期の資産購入）の二つの手段がある」と書かれるようになり、量的緩和を、非伝統的金融政策と呼んで特異な政策と見なすことはなくなりました。

金融政策が貨幣量の増減を通じて経済に影響することを、最も明確にしている中央銀行はイングランド銀行（イギリスの中央銀行）です。すなわち、そのホームページには、「金融政策とは、一国の中央銀行または政府が、経済における貨幣の量や借入のコストに影響を与えるために取ることのできる行動のことである」とあり、貨幣統計を示す欄では、「貨幣と信用の伸びは、経済の発展を示す重要な指標である」と書かれています。

マイナス金利政策が可能になる

日本で、政策金利である無担保コールレート（短期金利）がほぼゼロになった2001年2月当時は、金利をマイナスにすることはできないと考えられていました。しかし、欧州中央銀行は

2014年に、中央銀行預け金にマイナス金利を付与する政策を導入し、政策金利をマイナスにすることが可能であることを示しました。

日銀も2016年1月にマイナス金利政策を導入し、同年9月以降の長短金利操作付き量的・質的金融緩和政策でも、マイナス金利政策を採用しています。この政策では、日銀当座預金残高の一部に0.1%のマイナス金利を適用し、10年物国債金利（長期金利）を概ね0%に誘導しています。なお、21年3月に、長期金利をプラスマイナス0.25%の範囲に収まるように変更されました。この政策の結果、23年6月5日現在は、満期が1年〜3年の国債金利はマイナスになっています。

以上、ニューケインジアン・エコノミックスのマクロ経済学のうち金融政策論を紹介しましたが、リーマン・ショック後は、ニューケインジアンによる財政政策を議論する論文が増えています。

この章では、マクロ経済学に焦点を当てましたが、ミクロ経済学の分野でも、ニューケインジアンによる価格粘着性や情報の非対称性理論、依頼人・代理人関係の理論などを応用した、企業行動理論、賃金決定理論、銀行行動理論、保険理論、金融システム理論などが発展しています。

以上から、2000年代の経済学の主流派はニューケインジアン・エコノミックスであり、実際の経済政策の運営に大きな影響を及ぼしているのもニューケインジアン・エコノミックスであるといえます。

第7章　リフレ政策とは何か

この章では、日銀がデフレからの完全脱却を目指して、2013年4月から開始した「量的・質的金融緩和」（以下では、QQEといいます）の基礎になっているリフレ理論を説明します。

リフレ理論は、貨幣数量理論とニューケインジアン・エコノミックスとに基礎を置くデフレ脱却の理論です。

1　リフレ政策と貨幣の関係

リフレとは何か

リフレ理論のリフレとは、リフレーション（reflation）を、日本流に短縮した用語です。1930年代の大不況からの脱出政策として、リフレーションを推奨したのは、アーヴィング・フィッシャー（1932, Booms and Depressions）です。フィッシャーによるリフレーションの定義は、「物価水準を貸し手と借り手にとっての不公正を修復する水準まで戻す政策」です。つまり、リフレーションとは、政策という含意を持った言葉です。

右の定義は次のことを意味しています。物価の下落は、それが予想されていなかったときに契約された債権・債務契約に関して、債務者を不利にします。例えば、ある企業が製品を1単位1000円で仕入れて、1100円で売れるとします。ここで、仕入れ代金1000円を利息10円で借り入れるとするとしましょう。このケースでは、企業は1100円で売って、借金の元利合計1010円を返済することになりますから、手元に90円残ります。

ところが、製品価格が予想外に下落して、1000円になったとします。このケースでは、借り手企業は製品を1000円で売っただけでは、借金の元利合計1010円を全額返済することができなくなってしまいます。借り手企業が借金返済のために不足する金額である10円以上の貨幣（現金か預金）を持っていれば、それを使って、借金を全額返済できます。しかし、この場合、借り手が保有する資産は10円だけ減少します。これは借り手にとって損失です。

一方、1010円の返済を受けた貸し手は、製品価格が下がらず、1100円であれば、返済金の元利合計1010円では、この製品を買えません。しかし、製品価格が1000円に下がると、製品を買えるだけでなく、買った後にも、10円が手元に残ります。以上のように、債権者は製品価格の下落によって、利益を得ます。

この例からわかるように、債権・債務契約の際には予想しなかった製品価格の下落が起きると、債権者は得をし、債務者は損失を被ります。

いま述べた一つの製品の価格下落のケースを、さまざまな製品やサービスの加重平均価格である物価が下がるデフレのケースに当てはめると、予想外のデフレは債権者に有利に、債務者に不利に作用します。

フィッシャーは、債務者は借金して、在庫投資や設備投資や消費をするという意味で、モノやサービスの購入のために支出する経済主体であるのに対して、債権者はモノやサービスの購入のために支出するよりも、貯蓄する方が多い経済主体であると考えました。これを、債務者の支出性向は債権者のそれよりも大きい、といいます。そうであれば、物価の持続的下落であるデフレはモノやサービスへの需要を減らすように作用します。この需要の減少は、企業の生産の減少を誘発します。企業が生産を減らせば雇用も減りますから、失業が発生し、経済は不況に陥ります。

このような経済不況を、フィッシャーは、債務（Debt）を負った経済主体の支出減少から起こるという意味で、デット・デフレーション（Debt Deflation）と命名しました。

以上の考え方から、生産と雇用を回復させて、デフレ不況から脱出するためには、インフレを起こして、物価水準をデフレが始まる前の水準に戻すリフレーション政策が必要になります。

デフレ脱却には貨幣を増やすことが必要

フィッシャーは「貨幣数量理論」を精緻化した経済学者でしたから、彼の理論によれば、インフレを引き起こす政策手段は、金融政策によって貨幣量を増やすことです。

フィッシャーのリフレーションの理論はリフレ理論の原型ですが、現代では、デフレが生産と雇用の減少を引き起こす原因は、債権者と債務者との支出性向の違いだけではなく、情報の非対称性理論を取り入れて、借り入れに伴う担保価値や借り手の財務の状態（つまり、借り手のバランスシートの状態）などを考慮する理論（ニューケインジアン・エコノミックスに分類されます）に発展しました。しかし、この理論は本書が対象にしている読者向きではありませんから、ここでは、よりわかりやすいと考えられる、第6章で説明した貨幣数量理論とニューケインジアン・フィリップス曲線（NKPC）を用いて、解説します。

日本では、貨幣の年平均増加率は80年～90年は9・2％でしたが、92年～2012年は2％へと低下しました。この低下率は78％という大きなものでした。この貨幣増加率の急低下の原因は、日銀がマネタリーベース前年同月比を急激に低下させる、という超金融引き締め政策を採用したことにあります。日銀がこのような超金融引き締め政策を採用したのは、当時の激しい日米経済摩擦（日本の対米経常黒字の増大が原因）の解消を目的として、為替レートを円高に誘導し、それによって、膨大な日本の対米経常黒字を減らそうとしたからです。

消費税の影響を除き、季節要因の影響を受ける生鮮食品と海外要因の影響を強く受けるエネルギーを除いた消費者物価指数（以下同じ）でみると、98年8月～13年3月までの年平均前年同月比はマイナス0・4％です。したがって、この期間は、消費者物価指数でみてデフレです。

デフレは名目価値が安定している資産の保有を有利にします。もっとも名目価値が安定している資産は、貨幣（現金と預金）です。貨幣は名目価値が一定です（1万円紙幣は常に1万円であるという意味です）ので、物価が下がれば、その分、モノを買う力、すなわち、購買力が増大します。そのため、今後もデフレが続くというデフレ予想が強まれば強まるほど、資産としての貨幣に対する需要は増加し、他の金融資産、設備などの実物資産、不動産、消費財（とくに、耐久消費財）などの需要は減少します。

デフレ予想が強まれば強まるほど、資産としての貨幣に対する需要が増加することは、家計も企業も貨幣にしがみついて、モノ（消費財や設備や住宅などの実物資産）への支出を控えるようになることを意味します。モノへの支出が減少すれば、企業の売上高は減少しますから、それに伴って生産が停滞し、生産に必要な雇用も減少して、失業者が増加します。あるいは、失業を免れても、安定的な正社員になる機会は減少します。かくて、経済成長率は低下し、企業の雇用需要が減少している（人手が余っている）状況では、賃金も上がりません。

一人当たり実質経済成長率の年平均は、81年～91年は3・9％でしたが、92年～12年は0・6％へと大きく落ち込みました。3・9％で成長すると、一人当たりGDPは18年6カ月で倍になりますが、0・6％成長で倍になるには、実に、120年もかかります。これから、この成長率の落ち込みが、いかに凄まじいかがわかります。この期間（92年～12年）は、まさに「失われた21年間」です。

デフレの原因が貨幣量増加率の低下であれば、リフレのためには、反対に、貨幣量を増やす政策が必要になります。

インフレ予想の形成に働きかける政策

いったんデフレになると、将来もデフレが続くと予想されるようになり、そのデフレ予想が家計と企業のモノへの支出を減らすため、実際に、デフレになってしまいます。つまり、デフレ予想がデフレを引き起こすという意味で、デフレは自己実現的です。デフレ予想の下での家計や企業の支出を抑制し、貯蓄を志向する心理・行動様式をデフレマインドといいます。

このデフレ予想の下で起きるメカニズムをひっくり返すためには、企業や家計や投資家のデフレ予想を覆して、インフレ予想の形成に働きかける経済政策が必要になります。

このような政策はどのような政策かを、ニューケインジアン・フィリップス曲線（NKPC、143～148頁）を用いて説明しましょう。

NKPCによれば、現在のインフレ・デフレに最も影響する要因の一つは、予想インフレ率です。予想インフレ率を高めることができれば、現在のインフレ率も上昇して、デフレから脱却できます。

貨幣数量理論によれば、予想インフレ率に影響するのは、予想される将来の貨幣量です。第5章で説明しましたが、20年代のドイツのハイパーインフレが、中央銀行が今後、貨幣量の増加を大きく抑制すると宣言しただけで、まだ、貨幣量が大きく増加しているにもかかわらず、止まったことを説明しました（120～121頁）。

デフレを止めるためには、いま述べたハイパーインフレとは逆に、中央銀行が金融政策を、将来の貨幣量が増加すると市場が予想するように、コミットすることが重要です。将来の貨幣量が、デフレ予想で高まった貨幣需要よりも大きくなると予想されれば、貨幣は超過供給（市場に存在する貨幣量から貨幣需要量を差し引いた値がプラスになること）になります。超過供給分の貨幣はモノと金融資産の購入に向けられます。このようにして、超過供給分の貨幣がモノへの支出に向かえば（つまり、モノへの需要が増加すれば）、その支出（需要）の増加に応ずるため、生産が増え、生産が需要に追い付かなくなれば、物価が上昇し始めます。つまり、インフレ率はマイナスからプラスに転換して、デフレ脱却が可能になるわけです。

そこで問題は、どのような政策を採用すれば、家計や企業および投資家などの経済主体が、将来は貨幣需要を上回るほど貨幣量が増えると予想するようになるかです。

貨幣量はどのようにして増えるか

貨幣量が増えるルートは三つありますが、はじめにそのうちの二つを説明します。

第一は、民間銀行（以下、銀行といいます）の民間部門（家計や企業）への貸出が増えたり、民間部門からの証券購入が増えたりするルートです。銀行は民間部門へ貸し出すとき、貸出先の銀行預金口座に貸出金を入金します。銀行が民間部門から証券を購入する場合も、銀行は証券購入先の預金口座に購入代金を入金します。このようにして増えた預金は一般的な決済手段になりますから、貨幣です。銀行の貸出や証券購入の増加は、銀行による信用創造とか預金創造といいます。

そこで、いかにして銀行の預金創造を増やすかが課題になります。通常の手段は、中央銀行が銀行間の短期資金（通常、1日）の貸借市場（日本では、コール市場。アメリカでは、フェデラル・ファンド市場）への資金供給を増やして、その貸借金利（これを政策金利といいます）を引き下げることです。日本では、この政策金利を無担保コールレートオーバーナイト物といいます。

コール・レートが下がると、民間銀行はコール市場で資金を運用するよりも、資金を貸し出しや証券購入で運用した方が、より大きな利益が得られます。そのため、銀行の預金創造が増えて、預金という貨幣が増えます。

しかし、99年になると、コール・レートはほぼゼロ%にまで低下したため、日銀は政策金利をそれ以上下げることができないと考えました。しかし、短期金利である政策金利がほぼゼロになっても、満期が1年以上の金利（以下では、長期金利といいます）はゼロではありません。したがって、中央銀行は満期が1年以上の国債（以下、長期国債といいます）を民間銀行から買い取ることにより、長期金利を引き下げることができます。以下で述べるように、長期金利の低下は、貨幣量の増加をもたらします。これが、貨幣量が増える第二のルートです。

中央銀行が長期国債を民間銀行から買い取ると（これを、買いオペといいます）、マネタリーベースが増加します。マネタリーベースとは、銀行が中央銀行に持っている当座預金（中央銀行預け金。日本の場合は、日銀当座預金）と銀行を含めた民間部門が保有している現金（日本では、日銀券という紙幣）の合計のことです。

日銀の場合は、13年4月からQQEの下で、国債以外にETF（上場投資信託）とJ-REIT（不動産投資信託）も購入しています。日銀が銀行から国債を大量に購入すると、国債の金利は大きく低下します。すると、銀行にとっては資金を国債で運用するよりも、貸出や証券購入で運用した方が有利になるため、貸出や証券購入が増え、その結果、預金という貨幣が増加します。

リフレ政策の基本は金融政策の「レジーム・チェンジ」

日銀が「2％の物価安定を中長期的に達成・維持することに強くコミット」することは、日銀がそのコミットメントと整合的な「ルール」に基づいて、金融政策を運営することを約束するということです。20年代のドイツのハイパーインフレを研究したサージェントは、この政策のルールを「政策レジーム」と名付けました。

人々の行動パターンは、人々が参加しているゲームのルールに依存します。ルールが変われば人々の行動も変わります。この原理を経済政策に応用すると、経済政策が運営されるルールの違いによって効果が全く異なることになります。サージェントは、人々が参加しているゲームのルールを決定する枠組みを、「政策レジーム」と呼びました。政策レジームは、政策当局が決定する事項の内で、体系的かつ予想可能な部分を表しています。

新日銀法が施行された98年4月から13年3月末に日銀執行部が交代するまでの日銀を、旧日銀と呼び、13年3月末に日銀執行部が交代した以降の日銀を、新日銀と呼びましょう。

旧日銀には、「政策レジーム」がありませんでした。つまり、「政策当局が決定する事項の内で、体系的かつ予想可能な部分」がなかったのです。

例えば、旧日銀の速水優総裁時代に、日銀は、政策金利をほぼゼロ％まで下げました。金融政策決定会合の公表文には、いつまで、あるいは、どのような状況になるまで、ゼロ金利を続けるのかが示されていませんが、99年4月9日の金融政策決定会合で、速水総裁は「現在の金融緩和はデフレ懸念が払拭されるような状況を目指して行なっていると申し上げる以外にはないのではないか」（「99年4月9日開催 金融政策決定会合議事録」77頁）と発言しています。

99年4月13日の総裁定例記者会見で、記者から「先日（99年4月9日―岩田注）の金融政策決定会合では、デフレ懸念が払拭されない限り、その次の金融政策決定会合まで、無担保コールオーバーナイト物金利をゼロ近傍に維持し続けることを決定したのか、それともデフレ懸念が払拭されない限り、更に長期に亘って維持することを決めたのか」と問われると、速水総裁は「そこまでは決定した訳ではない」と答えています。そこで、記者が「『デフレ懸念が払拭された』と判断する時の条件は何か」と質問すると、速水総裁は「それは、条件と言われても困るが、この辺は、私どものいわゆる長年の経験や、専門的な見方で――勿論、意見はその時分かれるかもしれないが――判断できると思っている」と回答しています。

要するに、「デフレ懸念が払拭された」かどうかは「われわれプロの判断に任せなさい」ということです。

「ゼロ金利政策」の解除を決めた2000年8月11日の金融政策決定会合では、政府が日銀法に基づいて、議決延期を請求しました。この政府の対応を受けて、ゼロ金利解除に反対した中原伸之日銀審議委員は、「（日銀の金融政策は―岩田注）何を目標にするのかどうも良くはっきり分からない。物価の安定を図ることを通じて国民経済の健全な発展に努める（日銀法2条―岩田注））と書いてあるが、政策手段は100％自由度を確保して、目標については極めて抽象的な表現になっている。……デフレ懸念の払拭が展望できる経済状況については具体的な定義もないし数字もない」

（「2000年8月11日開催　金融政策決定会合議事録」102頁）と発言しています。

このように、「ゼロ金利解除の条件の判断が日銀の政策決定会合」の判断に委ねられていると、人々（とくに、金融・資本市場関係者や企業経営者）は、具体的にどのような経済状況になったらゼロ金利が解除されるのかを予測できません。

つまり、「デフレ懸念の払拭が展望できる経済状況」は、「政策当局が決定する事項の内で、体系的かつ予想可能な部分」という政策レジームの条件を満たしていないのです。

金融政策に「政策レジーム」がなければ、人々は金融政策に対して、どう反応すればよいかわからないため、金融政策の効果の不確実性は極めて大きくなり、そのような金融政策が「国民経済の健全な発展に資する」ことはできません。

それに対して、QQEでは、「①2％の『物価安定の目標』の実現を目指し、②これを安定的に持続するために必要な時点まで、『量的・質的金融緩和』を継続する」と明記され、16年9月から採用されて、23年現在も継続している「長短金利操作付き量的・質的金融緩和」では、①と②に、③マネタリーベースについては、消費者物価指数（除く生鮮食品）の前年比上昇率の実績値が安定的に2％を超えるまで拡大方針を継続する、というコミットメントが追加されています。

このように、新日銀の金融政策は「体系的かつ予想可能」であり、「政策レジーム」の要件を満たしています。この点で、旧日銀時代の金融政策とは決定的に異なっています。

ＱＱＥと予想インフレ率の推移

日本の予想インフレ率は、安倍晋三元首相がまだ自民党総裁であった12年11月中旬の「政権を取ったら、日銀に大胆な金融政策を実行させる」という発言（以下では、安倍大胆発言といいます）以降、上昇し始め、同年12月半ばには、マイナスからプラスに転じました。すなわち、デフレ予想からインフレ予想に転換したのです。

このように、予想インフレ率が、日銀が13年４月４日にＱＱＥを採用する以前から上昇し始めたのは、次の理由によります。すなわち、投資家等は「安倍大胆発言」以降、近い将来の解散選挙で自民党が勝利することを確信し、安倍政権が誕生したら、日銀にそれまでとは全く違った異次元緩和を実行させると予想して、彼らの予想インフレ率を上方に修正し始めたのです。

日銀がＱＱＥを採用すると、予想インフレ率は、採用以前よりもさらに上昇しました。

この期間の貨幣量増加率の動向を見ると、12年11月の前年同月比１・９％を底に上昇し始め、14年４月には４・３％まで上昇しました。このように、実際に貨幣量増加率の上昇が続いたことも、各経済主体（とくに、金融市場関係者）の将来の貨幣増加率予想を高め、それが予想インフレ率の上昇を招いたのです。

新日銀の「政策レジーム」は、「２％の物価安定目標の達成とその維持に強くコミットしていること」を宣言しており、「リフレ・レジーム」です。このような強いコミット宣言無くしては、予想インフレ率を引き上げることはできません。

ＱＱＥによって、日本の家計や企業および金融・資本市場関係者のデフレマインドは溶け始めたのです。

QQEのエンジンを止めた消費増税

しかし、QQEのデフレ脱却に向けたエンジンの推進力は、14年4月の消費増税で大きく低下してしまいました。

消費増加率の大幅低下を反映して、民間企業投資の伸びも鈍化しました。住宅投資は14年4月の消費増税を見込んで、13年に駆け込み需要で大幅に増加しましたから、消費増税後はその反動で大きく減少しました。このように、消費増税後、内需の増加率が大幅に鈍化したため、GDPギャップ（実質GDPから潜在GDPを差し引いた値）のマイナス幅が拡大しました。これは、NKPCの理論（143〜147頁）から判断して、インフレ率を低下させる要因です。14年4月1日の消費増税実施後の4月と5月は、消費増税抜きの消費者物価指数（除く生鮮食品）前年同月比（以下、誤解の恐れがない限り、インフレ率といいます）は1・4%まで上昇しましたが、6月からは低下に転じました。

インフレ率が低下すると、それを経験した経済主体の予想インフレ率も低下し始めました。NKPC理論から、この予想インフレ率の低下は、実際のインフレ率を低下させます。このように、GDPギャップのマイナス幅の拡大と予想インフレ率の低下がダブルで作用して、インフレ率は毎月低下していったのです。

GDPギャップのマイナス幅の拡大は、モノの市場で超過供給が拡大したことを示します。つまり、モノが余って、売上高が伸びないということです。そうなると、企業は設備投資を銀行から資金を借り入れずに、内部資金（減価償却費と税引き後利益から配当を差し引いた金額の合計）でファイナンスできる範囲にとどめようとします。銀行からの借金の伸び率が鈍化することは、貨幣量増加率が低下することを意味します。実際に、14年度の消費増税後、貨幣量増加率は低下しました。その結果、実際のインフレ率が低下し、それを反映して、予想インフレ率がもっとも低下した18年半ばから20年1月（新型コロナ発覚の前月）にかけては、貨幣量の平均増加率は2・5％へと低下しました。14年4月には4・3％まで上昇していたことを思い出してください。

QQEの効果を削いだ緊縮財政

QQEによっても貨幣量増加率が3％台で低迷した原因は、14年度と19年度の二回の消費増税に加えて、基礎的財政収支のGDP比を20年度までに黒字化する目標を掲げて採用された財政緊縮政策です。この財政緊縮政策はモノに対する需要を大きく押し下げたため、インフレ率の低下を招きました。実際のインフレ率が低下すると、家計や企業や投資家の予想インフレ率も低下しました。

予想インフレ率が低下すると、貨幣を資産として保有する需要は増加しますが、モノに対する需要が減少するため、モノを取引するための貨幣需要（これを、貨幣の取引需要といいます）は減少します。貨幣の取引需要が減少することは、銀行からの借り入れ需要が減少することを意味します。したがって、銀行の貸し出しや証券購入の増加率も低下します。その結果、預金という貨幣量の増加率も低下してしまいます。

貨幣増加率と物価上昇率の関係を調べると、貨幣の増加率が低下すると、物価上昇率も2年程度遅れて低下するという関係が観察されます。

QQEはデフレマインドを溶かし始めましたが、14年度の消費増税が、わずか1年で、溶け始めたデフレマインドを凍らせてしまったのです。

20年半ばから21年半ばにかけては、新型コロナ禍で、資金繰り困難に陥った企業に対して、政府と日銀の資金繰り支援があったため、貨幣増加率は9％程度まで上昇しました。しかし、こうした一時的な支援策が終了した21年後半から、貨幣増加率はふたたび3％台に低下してしまいました。

アクセルとブレーキを同時に踏めば、車は動かない

アベノミクスはQQEで需要を拡大させる（アクセルに相当）一方で、消費増税と基礎的財政収支の黒字化を急ぐ緊縮財政とによって需要を抑制する（ブレーキに相当）というように、アクセルとブレーキを同時に踏む政策を実施しました。そのため、インフレ率は13年度と14年度は0・9％（消費増税による上昇分を控除）まで上昇しましたが、15年度から低下して、21年度まで2％インフレを達成できていません。

なお、22年度は3・2％まで上がりましたが、これは日銀が目的とする需要牽引型のインフレではなく、エネルギーと穀物の価格高騰によるコスト・プッシュ型インフレです。

2%の物価安定目標の達成を妨害した反リフレ派

反リフレ派は、消費増税と基礎的財政収支の早期黒字化は経済成長に資すると主張して、緊縮財政を推進し、それによって、QQEによる2%物価安定目標の達成を妨害しました。ところが、反リフレ派のエコノミスト・経済学者・マスメディア等は、「QQEは10年経っても2%インフレを達成できなかったのだから、失敗だった」と主張しています。この反リフレ派の主張は、「火をつけた（2%の物価安定目標を妨害した）犯人が、火事を止められなかった（2%の物価安定目標を達成できなかった）のは、消防署（日銀）の消火活動（金融政策）が有効でなかったためである」と主張しているようなものです。

2 金融政策と財政政策の協調の必要性

財政を通じて貨幣量を増加させる

予想インフレ率が低下したために、銀行からの借り入れ需要が大きく減少すると、QQEによってマネタリーベースを増やしても、銀行貸出や銀行の証券購入が低迷するため、2018年半ば以降のように、貨幣量をデフレから完全に脱却できるほど増やすことができなくなってしまいます。

この場合に、デフレから完全に脱却できるだけの貨幣量を増やすためには、財政が金融政策に協力して、財政資金を市場に供給する方法をとるしかなくなります。これが貨幣量を増やす第三のルートです。

例えば、消費税や所得税の減税とＱＱＥの組み合わせです。減税は一時的であると家計が予想する限り、消費は増加しませんから、インフレ率を引き上げることはできません。政府は減税を、少なくとも、２％の物価安定目標が安定的かつ持続的に維持されるまで続けると約束する必要があります。

財政支出を一定として、減税すると、財政赤字が増加します。したがって、国債を発行しなければなりません。この国債発行の増加は、金利の上昇を招いて、設備投資を抑制したり、円高を招いて、純輸出（輸出から輸入を引いたもの）が減少したりします。それゆえ、物価に下押し圧力をかけないようにするためには、日銀は16年９月から実施している「長短金利操作付き量的・質的金融緩和政策」を続けて、金利の上昇を抑える必要があります。なお、長短金利操作はイールドカーブ・コントロール（yield curve control　略してＹＣＣ）と呼ばれます。

この減税と金融緩和政策の組み合わせは、減税がなかった場合よりも貨幣量を増やす政策です。なぜならば、税は民間から貨幣を吸い上げる政策ですが、減税すればこの貨幣吸い上げ量が減少するからです。つまり、この減税と金融緩和政策の組み合わせは、銀行貸出の増加率が低下して貨幣量が伸びないときに、財政のルートを通じて貨幣を市場に流す政策です。

「財政ファイナンス反対」というナンセンス

日本では、右に述べた減税するための赤字国債の発行と日銀の国債購入の組み合わせは、日銀が財政支出をファイナンスするという意味で「財政ファイナンス」であるとして、反対するエコノミストやマスメディア関係者が多いのが現状です。

この反対論の根拠は、戦後直後に、財政支出増加に伴って発行された国債を日銀が引き受けたために、高率のインフレを招いたという経験です。戦後直後は、物資の供給力が破壊された状況（供給の大不足）で、財政支出を国債の日銀引き受けでファイナンスしたため、200%近いインフレが発生しました。

しかし、2023年現在の日本は戦後直後と異なり、供給不足とは逆の需要不足の状況で、かつ、日銀の金融政策は「2%の物価安定目標」の達成とその安定的維持を目的にしています。「財政ファイナンス反対」論者は、日銀はインフレ率が2%を恒常的に超える状態になっても、それを止める能力を欠いていると考えているようで、中には、ハイパーインフレになると主張している人もいます。

しかし、13年4月以降の新日銀は、ハイパーインフレを引き起こさない能力を十分に備えた機関であり、インフレ率が2%を恒常的に超えても、政府の「金利抑制」の要請に応じて、QQEを続けることはあり得ません。

むしろ、懸念されるのは逆の状況です。デフレ完全脱却前に、QQEは正常な政策ではないとして、金融政策の「正常化」、すなわち「出口政策」に転換させようとする圧力が高まることです。

そのような圧力をかける筆頭的な存在は、日本では、「デフレの悪を軽視する」マスメディアです。

リフレ派とMMT論者の呉越同舟

反緊縮財政と金融政策を金利が上がらないように運営するという政策は、MMT論者の主張と同じです。しかし、それは見かけ上の同一性です。

MMT論者は、物価がどのように決まり、物価の安定とは何かを明確にしていないため、MMTと物価の関係について語ることは本来できない話です。

MMTによると、物価を操作する手段は、金融政策ではなく、税制で、インフレ率が高すぎると考える場合には、増税を実施することになります。しかし、税率を操作して物価の安定を図ることには、次の二つの欠点があります。

第一に、増税や減税は国会での承認が必要です。与野党が対立していればいるほど、税制改革案が国会を通過するには時間がかかり、インフレを抑制すべき時に、増税できなかったり、逆に、デフレを阻止する必要があっても、減税できなかったりする可能性は極めて高いと考えられます。そもそも、増減税するとして、どの税を増減税するべきかについて国会討論を始めなければなりません。それに対して、金融政策の変更にはほとんど時間がかかりません。

第二に、税制は資源配分の効率性と所得分配の公平に影響するもので、それらの点を無視して、物価安定の手段とし用いるべきではありません。

23年現在、リフレ派とMMT論者とは反緊縮財政政策という点で一致しています。しかし、2％の物価の安定とその維持が可能になった段階で、リフレ派とMMT論者は袂を分かつことになります。デフレから完全に脱却していない段階では、リフレ派とMMT論者は呉越同舟の関係にあるのです。

低インフレはお金が「じゃぶじゃぶ」でないため

日銀が大量に国債を買うので市場のお金が「じゃぶじゃぶ」になっている、と事実を調べることなく思い込んでいる経済評論家は少なくありません。

例えば、「経済をやさしく解説してくれる」として、人気が高い池上彰ジャーナリストは、「日銀が銀行から国債を買うと、購入代金が日銀から銀行に振り込まれますね。銀行がそこから預金を引き出した時に初めて、日銀券が発行されますから、銀行の持っている日銀券、つまりお金が増えて、安く貸し出せるようになった。……日銀はその後も銀行から国債を買い上げ続け、この割合が今回、5割を超えたというのです。……いわば『じゃぶじゃぶ（＝市場に資金が多く出回っている）』状態になっていました」（「ゼロ金利でじゃぶじゃぶ状態なのに…『日銀の異次元緩和』でも日本の景気がずっと悪い根本原因『未踏の領域』に入ったが、儲かるのは海外投資家だけ」PRESIDENT Online, 2022/8/19）と述べています。

右で引用した文章には、二つの間違いがあります。第一は、「銀行の持っている日銀券、つまりお金が増えて、安く貸し出せるようになった」という点は、池上氏が金融の仕組みを理解していないことを示しています。

日銀が国債を民間銀行から購入すると、民間銀行が金利を下げて（池上氏の言葉では、安く）貸し出せるようになるのは、この章で説明したように、コール・レートが低下したり、国債金利が低下したりするためです。

銀行が企業や家計に貸し出すときには、銀行は貸出先の企業や家計の銀行口座の預金残高を増やします。実際に、住宅ローンやカードローンで資金を借り入れた読者の中で、銀行から借り入れたお金を日銀券で受け取った人はいないでしょう。

以上から、池上氏の「日銀券、つまりお金が増えて、安く貸し出せるようになった」という認識は誤りです。日銀券が増えるのは、読者が日々の生活で、現金払いが必要になって、銀行から預金を引き出すときです。大口の現金が引き出されて、お金（現金）が民間非銀行部門に流れるのは、闇取引や詐欺事件の場合です。詐欺師が高齢者に現金引き出しを指定するのは、預金口座のように取引記録が残らないようにするためです。

第二に、「じゃぶじゃぶ（＝市場に資金が多く出回っている）状態になっていました」という部分も、日銀の異次元金融緩和の効果を否定したいがためにおかした大きな誤りです。「市場に資金が多く出回っている」という表現を正確に言うと、「非銀行の民間部門（家計や企業）に、現金や預金などの貨幣（現金、預金、譲渡性預金など）が多く出回っている」ということです。

ＱＱＥにより、22年7月の日銀保有の国債は13年3月の3・4倍に増加しました。しかし、貨幣は1・4倍しか増加しませんでした。13年から19年の貨幣の年平均増加率は3・3％に留まったのです。20年と21年は新型コロナ禍のため、貨幣増加率は6％台に上昇しました。それでも、13年から21年まで通してみると、3・8％でしかありません。この程度の貨幣の増加率は「市場にじゃぶじゃぶ貨幣が供給されている状態」とは程遠い状態です。「じゃぶじゃぶ」供給されていたならば、とっくに、日銀の2％の物価安定目標は達成されていたはずです。

なお、90年代以降、実質賃金が低迷した原因とQQEの実質賃金引き上げ効果については、第9章で説明します。

この章では、リフレ政策とは何かを説明しましたが、リフレ政策である「量的・質的金融緩和」に関しては、誤解が後を絶たない状況です。この誤解については、第12章で説明します。

第8章　経済学者の人物像

第5章から第7章まで、少し難しい話が続きましたので、ここで一休みして、本章ではこれまでと趣を変えて、私がお世話になったり、交流があったりした経済学者三名の方を取り上げて、私から見た人物像を描いてみたいと思います。これらの方々は、日本経済のあり方に何らかの影響を及ぼされた方であり、その人物像を知ることは、読者にとっても有意義だと思われます。

1　宇沢弘文先生

昭和の経済学の三巨人を挙げよといわれれば、私は「宇沢弘文、小宮隆太郎、稲田献一」の各氏を挙げたいと思います。この三名の経済学者は、私が個人的に経済学の研究でお世話になり、高く評価される業績を残された方々です。この昭和の経済学の三巨人と知己があり、個人的に経済学研究者としてだけでなく、私的な面でもお世話になった人は、私くらいではないかと思います。

この先生方に経済学以外で共通しているのは、戦前生まれの人としては考えられないほど、背が高いことです。御三方とも180センチメートルを超えておられました。

私がまだ大学院博士課程に在籍していたころ、ある人から、「岩田さんは大変ですね。小宮先生（以下では、私にとって、この三名の方は指導教授にあたるといえるので、先生という敬称を使うことにします）と宇沢先生という、正反対の考えを持つ先生に指導されているのですから」と同情されたことがあります。

確かに、私にはそういう経験がありました。私は博士課程に在籍していた頃、企業の広告・宣伝を設備投資と同じようにとらえ、とくにその蓄積効果に注目して、最適広告・宣伝投資の決定理論を示す論文を書いたことがあります。ここに、広告・宣伝の蓄積効果とは、例えば、テレビなどで何回も同じ宣伝・広告を聞いていると、その情報が頭にインプットされて、何か買おうとするとき、広告・宣伝で聞いたことがある製品の名前が浮かんできて、つい、その製品を買ってしまう効果のことです。具体的には、私の記憶に残っているものに、「くしゃみ3回、ルル3錠」があります。風邪をひいたとき、どんな薬が一番良いかわからず、つい薬屋さん（今では、ドラッグ・ストアと呼びますが）で、「ルルをお願いします」と言ってしまいます。「早めのパブロン」も私の頭にインプットされています。

当時、宇沢先生は企業の設備投資行動理論を発表されてから間もなくだったこともあり、私のその論文を「岩田君。いいね」と評価してくださいました。宇沢先生から私の論文を高く評価していただいたのは、後にも先にもこの論文だけです。

ところが、その論文を小宮先生の前で発表すると、先生は「それで、何の役にたつの?」と言われたのです。私には返す言葉がなく、その論文はお蔵入りになり、現在、私の手元にも残っていません。今では考えられませんが、当時の私は、この論文のような高度な数学的・動学的モデルを書けたのですから、「若き日の記念論文」としてとっておけばよかったと後悔しています。

＊

私が宇沢先生に初めて接したのは、宇沢先生がシカゴ大学から帰国された直後で、まだ講義を担当されていなかった頃の、小宮先生主催の「ジョイント・セミナー(複数の先生の合同セミナー)」で、「消費理論」を発表されたときです。私は修士課程に入学したばかり(1967年)だったうえ、他の大学院生と違って、数学的知識を全く持ち合わせていない「遅れてきた学生」でしたから、宇沢先生の話はチンプンカンプンでした。印象に残ったのは、宇沢先生がズボンからはみ出るワイシャツの端をしきりに、ズボンの中にしまわれようとする姿でした。これは、その後も宇沢先生の論文発表を聞く際に決まって見ることになる光景です。なぜか、宇沢先生のワイシャツはズボンからはみ出してしまうのです。

私の修士課程在学中に、大学紛争(紛争を起こした学生は、闘争といいます)が起きました。私が属していた経済学研究科はマルクス経済学専攻者が圧倒的多数であったため、彼らはこの紛争を資本主義打倒の革命として捉え、ストに入り、教員の研究室を封鎖してしまいました。そのため、博士課程に進んだ私は各種のセミナーや授業を受けることができなくなってしまったのです。その折、小宮先生が、経済的にも困難な状況にあった私に「日本開発銀行設備投資研究所」（以下、「設研」と略称。現在は、日本政策投資銀行設備投資研究所）を紹介してくださり、私は運よく社会保険付きの給与をもらって、研究生活を続けることができるようになりました。

「設研」のフロアには、出版されたばかりの一流英文経済雑誌が開架式で並べられてありました。大学の図書館では、出たばかりの英文雑誌を読むのは、大学院生の間で早い者勝ちでしたが、「設研」の研究員でそのような英文雑誌を読む人はまれでしたから、いつでも好きなときに閲覧できたのです。まさに、大学院生にとって、垂涎の的である一流英文雑誌がいつでも読めるばかりでなく、「設研」の事務の方に頼めば、快くコピーもしていただけました。これが大学であれば、今では信じられないような、当時「青焼き」といわれた、時間のかかるコピー機でコピーするしかなく、貧乏な大学院生が無料でコピーできる枚数にも制限がありました。

「設研」はいま述べたような経済学研究に恵まれた環境でしたが、それに加えて、驚くべきことに、偶然といおうか、宇沢先生が「設研」の顧問で、「設研」の会議室で「セミナー」を開いていました。この「セミナー」には、当時、大学を卒業したばかりで、夏休み明けにアメリカに留学することになっていた、岩井克人、石川経夫、奥野正寛（以上の三氏は後に、東京大学経済学部教授になります）の当時の三大秀才（東大三羽烏といわれたそうです）が参加していました。しかし、彼らは渡米を前にした夏休み前には、「宇沢セミナー」には参加しなくなりました。そのため、宇沢先生からすれば、彼らよりもはるかに能力の劣る大学院生を相手にセミナーを続けることになったのです。

この「セミナー」には、西部邁《すすむ》氏（後に、東京大学教養学部教授を経て、評論活動へ）が参加されていました。当時、「設研」は日本経済新聞社のビルの一室を間借りしており、その階の上には、日本経済研究センターがあり、西部さんはそこで研究員として働いておられ、宇沢セミナーが開かれるたびに、階下の「設研」に降りて来られたのです。

西部さんの評論活動だけしかご存じない読者であれば、信じられないと思いますが、西部さんは数理経済学にも造詣が深く、実際に、学術雑誌に、数学的モデルである「技術進歩」に関する論文を発表されていました。実は、右で触れた私の広告・宣伝投資に関する論文における数学的手法は、西部さんから手ほどきしていただいたものです。

*

アメリカで、新古典派経済学の枠組みを使った、二部門成長理論などで名声を上げられた宇沢先生は、日本に帰国後、新古典派の均衡動学理論に疑問を抱かれるようになり、不均衡動学に取り組まれるようになりました。宇沢先生によれば、ケインズの経済学は、ヒックスが解釈したような均衡モデルではなく、不均衡モデルだというのです。帰国後の宇沢先生の仕事は、ケインズの不均衡モデルを動学化する（時間の概念を明確に取り入れて、マクロ経済がたどる経路を明らかにする）ことでした。

一方、1960年代後半から70年代初めは、新古典派経済学に異議を唱える「ラディカル・エコノミックス」が登場した時代でもあります。この経済学の台頭は、戦後の高度経済成長が先進資本主義国で、深刻な「公害」をもたらしたことを背景にしています。そうした資本主義経済を背景にして、イギリスの女性経済学者ジョーン・ロビンソンは、アメリカの有名な経済学会で「経済学の第二の危機」という題名で講演しました。経済学の第一の危機は、ケインズの「雇用・利子および貨幣の一般理論」で解決されましたが、今や、経済学は第二の危機にあるというのです。

宇沢先生はロビンソンの講演に感銘を受け、日本に招待し、各所で彼女のセミナーを開催したくらいです。わたしは遠くから、ロビンソン女史を眺めていました。かなりの高齢でしたが、格好よく、上下真っ白な服で、パンツを着こなして、姿勢よく、さっそうとして歩かれていた姿を、今でも記憶しています。

宇沢先生は、お会いするたびに、「岩田君。どうもうまくいかないんだよねぇ。発散せず、安定解になっちゃうんだ」と嘆かれていました。宇沢先生は不均衡動学を研究されていましたから、経済が均衡から外れた時に、安定的な均衡に戻ってしまうのは困るのです。

価格の調整などに、費用がかかることをモデルに導入すれば、一時的に均衡から外れますが、経済が奈落の底に達するまで、まったく調整力が働かないことを理論化することは難しいことです。宇沢先生にとっては、おそらく、不安定な均衡しか存在しないモデルが出来上がれば、満足されたのではないでしょうか。不安定な均衡とは、ちょっとしたショックが働くと、不安定な均衡にも戻れない均衡です。

ちょっとしたショックがあると、経済が奈落の底に陥るモデルとしては、すでに、ハロッド＝ドーマーモデルが存在していました。このモデルでは、経済は適切なマクロ経済政策が存在しない場合、失業の累増を防いで、安定的な経済成長を維持することはできません。

このモデルに対しては、ロバート・ソローなどが、硬直的な生産関数や貯蓄関数を仮定していることに疑問を投げかけ、そうした硬直性を前提にしなければ、マクロ経済は安定的であると批判していました。そこで、宇沢先生はハロッド＝ドーマーモデルよりも一般的な不均衡動学モデルの構築を目指されたのだと思います。

当時、不均衡動学モデルの構築に挑戦した経済学者としては、宇沢先生の影響を受けたと思われる岩井克人イェール大学経済学部准教授（当時）などがいましたが、どの人もアメリカ経済学界で認められずに終わりました。それだけでなく、70年代半ばから、不均衡動学の対極にある超均衡動学ともいうべき「合理的予想形成理論」（日本では、「合理的期待形成理論」と訳されています。142頁参照）に経済学界は乗っ取られてしまいました。

この状況は宇沢先生にとって大きなショックでした。というのは、「合理的予想形成理論」を掲げて登場したロバート・ルーカスは、宇沢先生のシカゴ大学時代の弟子筋にあたる経済学者だったからです。いわば、身内から出た反乱です。

＊

不均衡動学のモデル構築が思うように進まない中、宇沢先生は次第に、公害問題にのめり込むようになりました。その最初の研究成果が「自動車の社会的費用」（岩波新書、1974年）です。この書で、宇沢先生は、自動車の社会的費用を大雑把に計算すると、年間200万円に達するという結論を導いています。ところが、実際には、自動車利用者はこの費用をほとんど負担せず、騒音、大気汚染、自然破壊などを引き起こしながら走り回っていると警告を発したのです。この本はかなりの日本の人々に衝撃を与え、今でも左翼的な人にとっては、環境問題の原典であるとして読み継がれているようです。

しかし、ほとんどの人にとって、宇沢先生が試算したほど巨額な費用を払って、自動車を利用することは不可能です。以下は、宇沢先生の偽善性を告発するつもりではありませんが、宇沢先生自身、ご自身が計算した自動車の社会的費用を負担せずに、自動車に乗り続けたのです。

宇沢先生はお酒が大好きな方でした。とくに、ビールは底なしでした。わたしは、よく宇沢セミナーの後、先生に連れられて、夕食をごちそうになりました。宇沢先生は私がお酒を飲まない（私はアルコール分解酵素を持たないため、お酒を飲むと動悸が激しくなり、気持ちが悪くなるのです）ことをご存知なため「食事に行きましょう」と誘われるのですが、ご自身はほとんど食事をとらず（ただし、てんぷらは好物のようで、よく食べられました）、ビールを中心に次々にお酒をおかわりし、最後にはほとんど酔いつぶれてしまいます。女将さんやバーのマダムは心得たもので、タクシーを呼んで、酔いつぶれた宇沢先生をタクシーに乗せ、運転手さんに「保谷まで。近くなったら、起こしてね」と言って、宇沢先生を送り出すのです。

宇沢先生と私や「設研」の宇沢先生担当者（宇沢先生のファンでもあります）は、宇沢セミナーの後、よく銀座で食事をしましたが、銀座から保谷（現・西東京市）までは、かなりの距離です。私は一体、自動車の社会的費用の話はどうなっているのだろうかと思っていましたが、そのことを宇沢先生に問いただしたことはなかったと記憶しています。

私が宇沢先生に問いただしたことが、ひとつだけあります。それは、宇沢先生は新古典派経済理論を批判するが、その批判は宇沢先生がアメリカ時代に雑誌に発表した論文にも当てはまるのではないかと尋ねたことです。宇沢先生の答えは、「いや、僕のは、資本家と労働者を区別して、資本家は貯蓄するが、労働者は貯蓄しないという、マルクスに近いモデルなの」とおっしゃっていました。この「なの」とか「なのよねぇ」というのは、宇沢先生独特の口調です。

宇沢先生はどんどん新古典派経済学だけでなく、経済学そのものから遠のいていかれてしまいました。経済学の基本的な課題は、マクロ経済の安定化を政策的に図りつつ、希少資源をいかに価格機構と市場の失敗を修正する課徴金や補助金などを組み合わせて有効に活用して、人びとの生活を豊かにするかです。

しかし、宇沢先生が最終的に到達した「社会的共通資本」の理論は、次のような理論です。

「土地、大気、土壌、水、森林、河川、海洋などの自然資源だけでなく、道路、上下水道、公共的な交通機関、電力、通信施設などの社会的インフラストラクチャー、教育、医療、金融、司法、行政などのいわゆる制度資本をも含」んだ「社会的共通資本は、それぞれの分野における職業的専門家によって、専門的知見にもとづき、職業的規律にしたがって管理、運営される」というもので、その「管理、運営は決して、政府によって規定された基準ないしはルール、あるいは市場的基準にしたがっておこなわれるものではない」。それは「社会的共通資本の管理、運営は、フィデュシアリー（fiduciary：受託・信託）の原則にもとづいて、信託されているからである」（『社会的共通資本』岩波新書、22〜23頁）。

＊

この宇沢先生が到達した「それぞれの分野における職業的専門家によって、専門的知見にもとづき、職業的規律にしたがって管理、運営される」という結論は、ケインズ『一般理論』の「一般的、社会的利益を基礎として計算することのできる国家が、投資を直接に組織するために今後ますます大きな責任を負うようになることを期待している」（邦訳162頁）という「国家による投資の管理」から着想を得ていると思われます。これは、ロイ・ハロッドが『ケインズ伝』で、「ハーヴェイ・ロードの前提」と呼んだ「賢人政治」に他なりません。しかし、戦後、資本主義経済国が経験したことは、国家は多くのケースで、「一般的、社会的利益を基礎にして、投資を組織する」点では、失格でした。

宇沢先生の結論は、「誰が職業的専門家であるか」を決めるのか、「誰が専門的知見にもとづき、職業的規律にしたがって、管理、運営する」人を決めるのか、という基本的問題を問うていません。社会的共通資本の管理、運営に、「フィデュシアリー（fiduciary）の原則」を持ち出しても、その原則をどのようにすれば守ることが可能なのかを明確にしなければ、意味はありません。

宇沢先生のように、相互依存関係が網の目のように張り巡らされた複雑な経済を、価格機構という案内人なしに、職業的専門家がうまく運営できる保証は全くありません。市場機構を用いずに、人治に頼る経済運営がどのような結果をもたらすかは、ソ連やその他の専制主義国家の経験で明らかです。

職業的専門家とは、結局、官僚の別名に過ぎません。彼らに「社会的共通資本」の管理、運営を任せられないのは、彼らには失敗したときに、責任を取る手段がないからです。責任を取ることができない主体に、「社会的共通資本」のような重要かつ希少な資源の管理・運営を任すことはできません。企業が不祥事を起こすたびに、社長が国民の前で深く頭を下げ、「誠に申し訳ありませんでした」と言えば、責任を取ったことになるような問題ではないのです。

いつでもそうですが、責任を真っ先に取るべき「職業的専門家」を統治しているはずの大統領は、国民の強烈な反対デモに遭うと、真っ先に国外逃亡してしまいます。船が沈没すると、職業的専門家である船長が真っ先に救命ボートで避難してしまいます。

宇沢先生はナイーブで、人間とはそういうものだという認識を欠いていました。タクシーの値段が、ご自身が計算した巨額の自動車の社会的費用分だけ上がらなければ、ご自身、銀座から保谷まで深夜タクシーに乗って帰宅されていたのです。宇沢先生も神様ではなく、ごく普通の人なのです。

宇沢先生は私に「経済学というしっかりとした手綱がないと、糸の切れた凧になってしまうのよねぇ」と述べられたことがあります。これは西部邁先生の研究姿勢の変化を憂慮しての言葉であったように思われます。というのは、西部先生の方が宇沢先生よりも、新古典派経済学から離れるのが早かったからです。その宇沢先生がいつの間にか、西部先生とは異なる方向でしたが、「経済学という手綱を手放して、糸の切れた凧になって、あてもなく、さまよう世界の人になってしまった」のです。

＊

晩年の宇沢先生は、経済学の専門家という職業的専門家から離れてしまいました。しかし、宇沢先生には経済学の専門家以外の専門はなかったはずです。経済学者が経済学に基づかずに話すようになれば、それは根拠薄弱な「お説教」に過ぎなくなってしまいます。しかし、日本では、「道徳を説く説教者」を崇め奉り、その人を「神格化」してしまう人が少なくないようです。

新古典派経済学者アルフレッド・マーシャルの1885年の教授就任講演に、「冷徹な頭脳と暖かい心（Cool Head but Warm Heart）をもって、自分のまわりの社会的苦悩に立ち向かう」というくだりがあります。この言葉は少なからずの経済学者が肝に銘じている言葉であると思われます。私もその一人です。

宇沢先生にとって最高に有能な弟子だったと思われる岩井克人元東京大学教授は、このマーシャルの言葉に引き寄せて、宇沢先生に対する追悼文を「日本経済新聞」（2014年9月29日）で発表しています（発表当時は、岩井氏は国際基督教大学客員教授）。

岩井氏は宇沢先生の「社会的共通資本」の「内容を聞いていささか失望します」と率直に述べた後、「私はすぐに、先生自身も社会的共通資本という概念自体には新しさがないことを百も承知であることを知ります。先生は学界の中での認知ではなく、市民をいかに動かすかという社会的な実践を選び取っていたのです。『冷徹な頭脳』を『暖かい心』に仕えさせることにしたのです。晩年の先生が経済学の中に『人間の心』を持ち込むことを提唱し始めたのは、その自然な帰結であったのです」と追悼文を締めくくっています。

結局、宇沢先生は、ご自身のアメリカ滞在中のノーベル経済学賞級といわれる業績を投げ捨ててしまうほど、人（とくに、弱者）に優しすぎる「市井の人」だったのです。もしそうであれば、アメリカ滞在中の宇沢先生は、本来の宇沢先生ではなく、むしろ「宇沢先生の虚像」だったのかもしれません。

しかし、何よりも残念なことは、宇沢先生は、日本への帰国直後は、ケインズの経済学を動学的に構築することを課題とされていたにもかかわらず、90年代以降の日本のデフレに関しては全く研究されず、デフレからの脱却政策を示すこともなかったことです。ケインズは1930年代のデフレ不況の克服のための理論構築と政策提言に取り組んだ経済学者です。宇沢先生はデフレの研究であるケインズの理論の再構築を目指すといいながら、日本のデフレに全く無関心であるかのようにふるまわれました。本来、私のような出来の悪いものが日本のデフレ研究に取り組むのではなく、宇沢先生こそが取り組まれていれば、日本のデフレが15年も続くことを回避できたのではないかと悔やまれます。

2 小宮隆太郎先生

小宮隆太郎先生は、私の大学院生時代の指導教官（教授といわずに、教官というのは、東大教授は国の公務員だからです）ですが、学部生時代の指導教官ではありません。その理由は明かすのも恥ずかしいものです。

東大経済学部では、三年生からどこかのゼミに参加して単位を取得しなければ、卒業できません。私は2年間の駒場の教養学部時代、近代経済学とマルクス経済学の授業をいくつか聴講しました。

どの講義もわかりづらく、面白くありませんでしたが、マルクス経済学の講義のわかり難さは度を超していました。しかし、当時の近代経済学の教科書はマルクス経済学ほどではありませんが、どれも理解困難なものばかりでした。今は、かなり理解容易な主流派経済学の教科書がたくさん出版されており、現在の経済学部学生は私の大学生時代に比べてはるかに恵まれています。

さらに悪いことに、私は大学入学後の2年間、大学受験勉強に疲れ切っていたため、遊ぶことばかり考え、高校時代からのめり込んでいた欧米の文学書に夢中になって、「将来は文学作家になりたい」と思っていたほどでした。そのため、近代経済学の勉強には全く身が入っていませんでした。

東大経済学部の三年生からゼミを履修するとすれば、私にとって、わけのわからないマルクス経済学は論外でしたが、近代経済学の教授はごくわずかしかいませんでした。結局、近代経済学のゼミを履修するとすれば、館龍一郎教授か小宮隆太郎助教授しかいないという状況でした。私は小宮先生のゼミを希望したのですが、なんとその募集要項に、「今まで読んだ経済書（除く教科書）の中から3冊を選んで、要約したうえ、感想を述べよ」という項目があるではありませんか。

私の教養学部生時代の生活は右に述べた通りでしたから、私が読んだ経済書といえば、D・ディラードの『J・M・ケインズの経済学』くらいしかありませんでした。そのため、私は「3冊の経済書の要約と感想」の小宮ゼミ応募条件を満たすことができなかったのです。

一方、館ゼミは人気が高く、多くの学生が応募していたため、合格することは難しそうでした。かといって、マルクス経済学のゼミに応募するわけにもいかない。結局、私が応募して、合格したゼミは「経営学部助教授」のゼミでした。

この経営の先生は近代経済学を勉強したいとのことで、当時、新鮮な経済政策論として評判の高かった、館龍一郎・小宮隆太郎共著『経済政策の理論』（1964年）をテキストとして、講読することになりました。

ゼミの館・小宮『経済政策の理論』の講読は、非専門家の経営学の先生の下での講読でしたから、理解するのに、先生に頼ることができません。結局、ゼミ生同士が「ああではないか。こうではないか」と誰も確信を持てずに議論するだけでした。このようにして、私の「経済学」の理解は遅れに遅れたのです。

＊

私はよく理解したわけではなかったのですが、館・小宮『経済政策の理論』を講読しているうちに、大学院に進学して、経済政策を専攻し、世の中に役に立つ経済政策を提案したいと思うようになりました。しかし、家庭の事情で、カネのかかる大学院進学は無理だったため、就職せざるを得ませんでした。私が選んだのは父が勧めた銀行です。しかし、銀行では、お札を勘定する練習、現金輸送車から、なんと、虎ノ門通り（銀行の車庫でないから、危険極まりないですが）で現金を受け取り、金庫に保管すること、夕方には、防衛庁や旅行会社などへ出かけて現金を預かること等々で、「これが、子供の頃から、東大を目指して勉強した結果の仕事か」とやるせない気持ちになり、4月に就職して、5月の連休明けには、辞表を出すという有様でした。

運よく、翌年の東大経済学部大学院入試に合格した私は、迷わず、小宮先生に指導教官をお願いするために、先生の研究室を訪れました。小宮先生は私に、「何がやりたいのか」と尋ねられました。私は「経済政策です。ケインズ経済学を研究して、世の中に役に立つ経済政策を提案したいと思います」と答えた記憶があります。この答えに、小宮先生は「ああ、そう」とそっけなく応じられ、私は拙い回答だったかと、不安になりました。

後で知ることになりますが、ケインズ経済学を研究するなどということは、学部生のやることで、当時のマクロ経済学の主流は、経済成長論だったのです。

小宮先生の指導を受けるうちにわかったことですが、小宮先生は宇沢先生のように、あけっぴろげで学生が対等に話せる方ではなく、大学院生には厳しく、そっけない感じを与える先生でした。例えば、こんな調子です。私が1年かけて研究した結果を、小宮ゼミで発表すると、5分か10分もたたないうちに「ぜーんぜんだめだ」とおっしゃって、ゼミは終わってしまうのです。先生と大学院生たちは教室を出て行ってしまい、私一人が教室に残されて、ボーッとしている有様です。

もっとも、宇沢先生も大学院生の発表に対して厳しいという点では、小宮先生と変わりませんでした。ただ、宇沢先生は「岩田君。今日はだめみたいねぇ。食事に行きましょうか」といった調子で、「ぜーんぜんだめ」に比べればやさしかったと思います。

私には能力不足と孤独を抱えて脱落することを防ぐための得意技がありました。それは、優秀な大学院生に質問して、教えてもらうことです。彼らは嫌がらずに、親切に教えてくれました。あるいは、当時、大学助手だった浜田宏一先生（現在、イェール大学経済学部名誉教授）に教えを乞うのです。浜田先生の方が教授の先生よりも、私と年齢が近く、近づきやすいのです。浜田先生からは、積分を微分する方法とその意味を解説していただいたおかげで、理解できるようになった論文がたくさんあります。

宇沢先生や稲田献一先生は数学科卒業ですから、数学にたけていることは当たり前ですが、浜田先生をはじめ文系出身の方でも、数学にたけている人が多いことには、びっくりさせられました。いったいどこで、高校で学ぶ以上の数学を習得したのでしょうか。

＊

小宮先生はそっけない印象を受ける怖い先生だと述べましたが、1年に何度か、ご自宅で小さなパーティーを開かれ、大学院生や小宮ゼミ卒業生などを招待することがありました。結婚している場合は、夫婦同伴で招待されます。

小宮先生のご自宅に招かれれば、奥様と三人のお嬢様とも知り合いになり、小宮先生のプライベートな生活を垣間見ることになります。一方、宇沢先生は私たちをご自宅に招くということはなかったため、宇沢先生のプライベートな面は覆い隠されたままでした。

この小宮先生のご自宅でパーティーを開くという習慣は、小宮先生の『アメリカン・ライフ』（岩波新書、1961年）に書かれているように、アメリカ留学時代に身につけられたものです。

ところで、小宮先生の「ぜーんぜんだめ」という強烈なコメントから、私たちは、経済学の素人が陥りやすい誤った経済常識から解放されて、「ミクロ経済学」の現実の経済への応用の仕方を知らず知らずのうちに学んでいたのです。私がこのことに気がついたのは、私自身が経済学を現実の経済に応用して考えるようになってからのような気がします。

小宮先生の「ぜーんぜんだめ」コメント精神から生まれた私の著書に、『間違いだらけの経済常識』（日本経済新聞社、1991年、後に、『嘘ばっかりの「経済常識」』という題名で、講談社＋α文庫に所収、1996年）、『日本経済の神話――「常識」のベールをはぐ』（日本経済新聞社、1995年）、『経済学的思考のすすめ』（筑摩選書、2011年）などがあります。

＊

私の修士論文の課題は投資関数の実証研究でしたが、その論文を仕上げてから、投資関数の研究を進めるためには企業金融の研究が必要だと感じていました。そこで、私は企業金融の研究に取り組むことにし、いくつかの論文を「設研」の白表紙と呼ばれた冊子に発表しました。

その当時、小宮先生もある研究所から研究費の援助を受けて、企業金融を研究されていました。先生は私も企業金融を研究していると知ると、一緒に研究しようと提案され、皆から「遅れていた」私も、小宮先生と共同研究するまでに成長したのです。

企業金融の理論といえば、当時、経済学者のフランコ・モジリアーニ＝マートン・ミラー（以下、MMと略します）と経営学者の間で「資本コスト論争」が続いていました。MMは法人税がなければ、自己資本（株主資本）と負債資本のコストは同じであるという結論を投資家の裁定取引行動から導くという、画期的なものでした。しかし、この命題は経営学者や経営者の常識とは反していました。

小宮先生はもちろんMMを支持していましたが、MMが考慮していない、配当、利子、株式譲渡益などに対する税金も資本コストに影響するはずだから、それらの税金を考慮した場合に、自己資本と負債資本のコストがどのような影響を受けるか理論的に検討するようにという宿題を、私に課せられました。

私がこの宿題の解答を小宮先生に提出すると、小宮先生は「これで論文が書ける」とおっしゃり、私たちは『季刊　理論経済学』に「税制と資本コスト」という論文を投稿し、採用されました。この論文が私の査読付き学術雑誌に掲載された最初の論文です。

さらに、小宮先生は私たちの研究を拡大して、一冊の本にしようと提案され、その企画は『企業金融の理論――資本コストと財務政策』（日本経済新聞社、1973年）という題名で刊行されました。この本はその年の「日経・経済図書文化賞」の候補に挙がりましたが、審査委員長の「Polemic（論争的）」過ぎるという意見が通り、受賞を逃したと伝えられました。

小宮先生の論文スタイルはいつも「論争的」でしたが、この本の第9章第2節（時価発行をめぐる通俗的観念）と第10章（企業金融に関する通俗的観念）の部分は、小宮先生が担当された部分ですが、著名な経営学者が徹底的に批判されており、まさに容赦のない「論争的」な部分です。

当時の私は、企業金融よりも、地価が高騰して、都市住民の住宅取得が困難になっている「土地・住宅問題」の方に関心が移っていました。私が日本で地価高騰するのはなぜだろうかと考えていた矢先に、小宮先生が「地価の理論」という討論用論文（ディスカッション・ペーパー）を発表され、それによって、私も地価がどのようにして決まるかを理論的に理解することができるようになりました。この論文は後に「土地の価格」という題で、大塚久雄・小宮隆太郎・岡野行秀編『地域経済と交通』（東京大学出版会、1971年）に収録されています。

1973年には、新沢嘉芽統・華山謙両氏と小宮・岩田の間で地価論争が展開されましたが、この論争でも小宮・岩田側はかなり徹底的な「論争」を仕掛けました。私が単独で新沢・華山両氏の地価理論を批判することもあったため、稲田献一先生が「岩田が小宮の弾除けになっている」と冗談を飛ばされたことがあります。

このように、私は博士課程の終わり頃から、小宮先生と共同論文や共著を出版する過程で、小宮先生並みに「論争的」になっていったのです。

＊

私が学部時代のゼミで講読した館・小宮『経済政策の理論』は、「日本経済新聞」の「やさしい経済学」に館先生と小宮先生が執筆された項目を採録したものです。小宮先生は「やさしい経済学」で、当時（1960年代頃）の「日本では、『経済学の理論』と『現実の経済問題』が、ほとんど乖離した状態だった」（小宮『経済学 わが歩み――学者として教師として』ミネルヴァ書房、2013年）ことを憂い、「経済問題を、経済学の標準理論に基づいて」（同書78頁）解釈することによって、いま述べた乖離を埋めようとされたのです。

「経済学」と「現実の経済問題」との乖離を埋める作業は、当時の多数派（マルクス経済学者やその影響を受けた人が多い）の議論と対立することになり、小宮先生は「通念の破壊者」とか「偶像破壊者」と呼ばれるようになりました。

国際収支については、悲観派である多数派は「成長率が高くなると、日本の国際収支は赤字になり、赤字抑制のために財政・金融を引き締めなくてはならないから、高い成長率は続かない」と論じていました。それに対して、小宮先生は「国際収支の天井にぶつかることはない」ことを、理論的に明らかにし、その理論を著わした論文はアメリカの有力な学術誌に掲載されました。

小宮先生から仕掛けた論争の一つに、マルクス主義者の「国家独占資本主義」に対する批判があります。国家独占資本主義は、私も大学のマル経（マルクス経済学の略称）の講義で耳にタコができるくらい、何回も聞かされた話で、「日本は国家独占資本によって支配され、ひいては日本社会も政治も支配されている」といいます。私の大学院当時のマル経の人たちは、国家独占資本主義を「国独資」と略称していました。私が修士課程の終わりから博士課程在籍中にストを起こし、先生方の研究室を封鎖した人たちは、この国独資理論で武装してマルクス主義革命を実践していると気取って、ヘルメットを被り、中には「ゲバ棒」（ゲバルト棒の略称。ゲバルトはドイツ語で暴力・権力を意味します。ゲバ棒は当時の左翼運動家が武器とした角材の棒です）をもって、大学構内を闊歩している人もいました。大学は経済学を研究している場所ではなくなり、暴力によって支配される場所になってしまったのです。

小宮先生は市場の失敗がない限り、自由な価格機構を重視しましたから、60年代に浮上した「資本自由化」にも賛成の立場でした。日本では、当時、外国企業が日本に株式会社を設立したり、日本の会社に出資したりすること（これを対内直接投資といいます）は原則、禁止されていました。資本自由化に対しては、当時は、「資本自由化を急ぐと、圧倒的な資本力をもつ外資が日本経済を支配するだろう」という議論が一流の経済学者と目された人たちの間でさえ優勢で、「どの産業も、経営側も労働組合も、社会党も共産党も、『外資の支配を許すな』と自由化に反対した」（前掲書98頁）のです。

小宮先生は資本自由化論争を背景にして、「資本自由化の経済学」を『エコノミスト』誌に発表されました。この理論は、それまで、「資本は金利の低い国から高い国に流れる」という理論が支配的でしたが、資本自由化で問題にされている資本は資金としての資本ではなく、「経営資源の国際間の移動である」ことを明らかにした点で、画期的でした。小宮先生はこの着想をエディス・ペンローズ『企業成長の理論』（日高千景訳、ダイヤモンド社、2010年）から得ています。今では、間接投資（外国の証券を購入して証券利益を得ようとする行動）と区別して、経営を伴う資本移動である直接投資を語るときには、「経営資源」という用語は普通に使用されています。

小宮先生は若き日に留学したハーバード大学での研究生活で、「独禁法」や「競争政策」の重要性を学んでいましたから、企業の独占を取り締まる「公正取引委員会」の仕事を重視されていました。しかし、実際は、「公正取引委員会」は冬眠状態で、通商産業省（略して、通産省。現・経済産業省）による輸入割当制や参入規制などの、戦時中の統制経済から引き継がれた各種の規制が、自由な企業活動を妨げていました。そのため、小宮先生と通産省は対立することが少なくありませんでした。

＊

私は、小宮先生が最後に最も輝いたのは、「国際協調のための経済構造調整研究会報告書（いわゆる「前川リポート」1986年）に対する批判以降の論争を経て、『貿易黒字・赤字の経済学――日米摩擦の愚かさ』（東洋経済新報社、1994年）を公刊した頃だと思います。

『経済学　わが歩み』で、小宮先生は「まず、『前川リポート』は、日本の黒字は自動車の輸出を減らし、石炭の輸入を増やすことで部分的に直せると考えている。国際収支に関するマクロ経済学をまるで理解していない。／次に、『経常収支の黒字が申し訳ない』という発想だ。歴史的に考えると、英国は大英帝国と呼ばれた時代に、今の日本とは比べものにならない膨大な経常収支の黒字を出している。その黒字を対外投資に使って大英帝国のみならず世界中に資本を供給した。資本の余っている国が、資本を供給して世界全体が発展するのは自然なことである。……『前川リポート』は『経常収支の黒字を減らす』一方で『対外援助を増やそう』と言う。だが、対外援助を増やせば経常収支の黒字は増える。国際収支の複式簿記を理解していないのだ。……日本が米国に『恭順の意』を示す『前川リポート』の姿勢が、私には耐えられなかった」（198～199頁）と述べています。

私から見ると、「前川リポート」はバブルの政策的崩壊とその後の日本の失われた20年をもたらした要因です。というのは、日銀は前川春雄元日銀総裁という日銀の大先輩がまとめた「前川リポート」に基づいて、日本の経常収支赤字を減らすために、1989年から急激な金融引き締め政策を実施して、為替レートを円高に誘導しようとしたからです。この点については、詳しくは、岩田『資本主義経済の未来』（夕日書房、2021年）の第5章2節を参照してください。

1990年代に入って、私は「『日銀理論』を放棄せよ」（『週刊東洋経済』1992年9月12日号）を発表しましたが、それ以降、日銀エコノミストとの間で、金融政策に関する論争が続きました。これは、日銀は「量的緩和」政策を採用して早急にディスインフレ（インフレ率の低下）を止め、日本経済がデフレに陥ることを防げという私の主張と、日銀エコノミストの日銀は「量的緩和」のようなマネタリーベースのコントロールはできないという主張（これを日銀理論といいます）の対立です。ただし、この論争の過程で、日銀エコノミストは「アグレッシブな量的緩和」には反対であるが、「緩やかな量的緩和」には反対しないかのように、態度を変えました。

ところが、私が日銀エコノミストと論争しているうちに、事態は思いもかけない方向に展開するのです。99年の終わりになって、突如、小宮先生が日銀応援団に加わったのです。

小宮先生はまず、浜田宏一先生の「金融・為替政策 臨機応変な中央銀行へ生まれ変われ！…日銀の不胎化政策は間違っている」（『週刊東洋経済』1999年11月13日号）に対して、「円高の行き過ぎは止められる」（『週刊東洋経済』同年12月15日号）で反論し、「日銀の政策は一〇〇点」と述べて、日銀の政策擁護論を展開し始めました。

さらに、小宮先生は「見当はずれの日銀バッシング」（『週刊東洋経済』2000年4月15日号）で、「一九九九年後半に……政治家やマスコミは政府・日銀を批判し、外国人は日本の経済運営を批判し、政府内にも時折、日銀批判がくすぶる。日銀はさまざまな不満のゴミ捨て場になり、日銀自身が積極的に批判・非難に反論しないと日銀バッシングが横行する。しかし私は最近の日銀の金融政策は一〇〇点満点に近く、批判の多くはその使命と役割についての無理解に基づくと思った」（岩田編著『金融政策の論点［検証・ゼロ金利政策］』東洋経済新報社、2000年所収、51〜52頁）と述べて、私と浜田先生の日銀批判を、日銀の使命と役割の無理解に基づくと批判したのです。

私は日銀の政策の根拠となっている「日銀理論」を批判していたのですが、しかし実は、私が批判した「日銀理論」とは何かを初めて明らかにし、それを徹底的に批判したのは、そもそも小宮先生だったのです。小宮先生は、「昭和四十八、九年インフレーションの原因」（『経済学論集』

1976年）で、私が「日銀理論」と呼んでいる理論を「日銀流理論」と命名し、当時（72年と73年）の高インフレ（72年12％、73年23％）の原因は「原油高」にあるという理解を批判し、日銀が「日銀流理論」に基づいて、急激に貨幣供給量を増加させたことにあることを明らかにしたのです。

その小宮先生が「日銀流理論」に基づく金融政策を「一〇〇点満点」と採点したのですから、私は驚愕しました。

*

いずれせよ、子弟間の論争が始まってしまったのです。小宮先生は「私はいくぶんか少数派気質《かたぎ》、判官贔屓《ほうがんびいき》の性癖があるので、孤立無援の日銀を擁護する」（前掲書、52頁）と述べているように、その判官贔屓の心を抑え切れなかったようで、夜間に、何回か私の自宅に電話してきて、私を説得しようとされ、さらに、私を新宿の紀伊國屋書店周辺のレストランに呼び出し、金融政策のシンポジウムをやろうと提案されました。

実際に、小宮先生は、日銀の金融政策に関するシンポジウムの企画を、小宮先生の教え子である八代尚宏日本経済研究センター理事長（当時）に持ち込み、その実現にこぎ着けました。その時、小宮先生は74歳でしたが、老いてますます盛んで、その日銀を擁護しようという執念の強さには並々ならぬものがありました。

このシンポジウムの議事録と金融政策を専門にする数名の経済学者の論文集および彼らの間での論争は、小宮隆太郎＋日本経済研究センター編『金融政策論議の争点　日銀批判とその反論』（日本経済新聞社、2002年）として発表されています。

しかし、リーマン・ショック後、アメリカの中央銀行FRBのとった政策、イギリスの中央銀行イングランド銀行がとった政策、そして欧州中央銀行のドラギ総裁以後の政策のどれをとってみても、小宮先生が反対する金融政策です。米英ユーロ諸国は、小宮先生が反対した量的金融緩和政策を粘り強く採用し続けて、デフレに陥ることなく、経済を安定成長の軌道に乗せることに成功したのです。

私からはっきり言わせてもらえば、小宮先生の金融政策の理解は、1930年代の大不況に際して、フランクリン・ルーズベルトが33年4月に金本位制から離脱し、FRBが長期国債の大量買いオペを始める前までの、「馬を水飲み場に連れていくことはできる。しかし、馬に水を飲ませることはできない」という金融政策の理解でストップしてしまっており、その後、70年間の金融政策の理論的発展を全く研究していない、ということです。実際に、小宮先生の日銀満点議論では、この70年間に発表された金融政策の論文が一つも引用文献に示されていません。

そもそも、前例や既存の制度や思い込みにとらわれることなく、経済政策の機能に着目して政策を論じて、若手論客として注目を浴びて登場した小宮先生が、政策の機能ではなく、それは日銀の任務外であるとか、日銀は短期資金は供給してもよいが、長期国債を買って、長期資金を供給してはならないなどと、アプリオリに（論理に先立って）主張されるようになってしまったのです。

私も、ある領域の最新の経済論文についていけなくなったら（あるいは、読まなくなったら）、その分野については語ることは止めなければ、老害をさらすことになると肝に銘じています。

3　稲田献一先生

稲田献一先生は、数理経済学者として数知れない論文をアメリカの一流の経済雑誌で採用された先生です。

私が大学院生だった頃、日本経済研究センターの会議室だったと思いますが、毎週決まった曜日に、「経済セミナー」が開催されていました。この経済セミナーに参加すると、最近、英米の雑誌に採用された日本人研究者の論文のコピーを手に入れることができました。驚くべきことに、毎回、稲田先生の論文のコピーが出回るのです。日本でも英米でも、自分の論文が英米の一流経済雑誌に一生に一回でも載せることができた人はごく少数でしょう。それが、毎週のように掲載されるのですから、驚異的というしかありません。

しかし、私には稲田先生の数理経済学の論文を理解する能力はなく、かつ、私の興味を引くような論文もありませんでした。そのような私と稲田先生に接点ができるはずがないのですが、人生はそうとは決まったものでないところが面白いところです。

当時、年に一回、東西の経済研究者が一堂に会して、逗子市で、2日ほど泊りがけで議論する「逗子コンファレンス（逗子コンと略称）」が開催されていました。大学院生で逗子コンに招待されることは名誉なことであり、就職のために、一流の先生方に名前を知ってもらう機会でもありました。東からは、東大経済学部と一橋大学経済学部の研究者が、西からは、大阪大学経済学部と大阪大学社会経済研究所（社研と略称）および神戸大学経済学部の研究者が、それぞれ集まりました。

私が社研の稲田先生とお会いするのは逗子コンくらいで、あとは、稲田先生が上京された折、後輩の宇沢先生にお会いになるために「設研」に来られたときに、挨拶するくらいでした。

逗子コンで知ることになったのが、稲田先生の頭の回転のあまりの速さと短気で怒りっぽいという性格でした。稲田先生は太めの大男で、頭髪はほとんどありませんでしたから、ご自身、「風呂に行って、裸になると、プロレスラーですかといわれるんだ」とおっしゃっていたくらい、黙っていてもいかにも怖そうでしたが、怒られたら、誰でも縮み上がるほど怖い先生でした。

稲田先生の著作の中で、私にも理解でき、高く評価しているのは、関口末夫大阪大学助教授（当時）と庄田安豊日本経済研究センター総合研究部研究員（当時）との共著である『経済発展のメカニズム—その理論と実証』（創文社、1972年）です。この本は、日本経済がいつの時点で「離陸」に成功し、その成功に貢献したものはなにかを理論的に実証したもので、第15回日経・経済図書文化賞を受賞しています。

この本の稲田モデルでの経済の「離陸」とは、重化学工業（機械、化学、窯業および金属）が自立する段階に達することと定義されています。日本ではすでに、明治期に軽工業が自立していましたが、稲田モデルでは、軽工業と重化学工業の資本蓄積の配分がある領域に達していなければ、重化学工業は自立できずに終わり、したがって、経済は「離陸」しません。しかし、稲田モデルによると、低開発国の重化学工業が資本を蓄積して自立できる経路に到達することは、市場に任せておいたのでは不可能です。本書では、日本経済が「離陸」に成功した時期は、1868年の明治維新から約60年後（1920年代後半）と推測されています。離陸成功の主たる要因としては、次の結論が導かれています。

①官営企業とその払い下げの貢献度は大きい。すなわち、近代的な制度が準備されていない国が遅れて経済発展の出発をする場合には、国家あるいは政府が、直接経営に参画することが必要だったと思われる。日本では、企業化初期の危険負担は、政府が負ったという意味で、官業の役割は大きかった。

②産業補助政策と社会的間接資本の建設（鉄道、港湾、道路、情報通信などのインフラの整備）は重化学工業に有利な方向に傾斜していた。これらは重化学工業の生産性を高めただけでなく、重化学工業の製品に対する需要を増加させる経路を通じて、利潤を高め、その利潤が重化学工業への投資に向けられた。

③食料と労働力を供給する生存部門の技術進歩は、重化学工業部門の食料に対する交易条件（重化学工業製品価格の食料価格に対する比率）を悪化させることなく、かつ、重化学工業部門へ豊富な労働の供給を可能にした。

この研究を以上のように、結論だけ要約してしまうと、あまりありがたみがありませんが、このような結論を導く過程を読み進めることは、大変エキサイティングです。このようなエキサイティングな経済研究書はめったにあるものではありません。

＊

稲田先生は一流の英文学術経済雑誌に掲載された論文数や右に引用した研究業績から見て、文化勲章受章に値する経済学研究者でした。しかし、宇沢先生と小宮先生は文化勲章を受章しましたが、稲田先生は受賞しませんでした。その理由は、稲田先生が社研という大学院生が少ない研究所に勤めていたことに加えて、稲田先生が研究に対して大変厳しかったため、大学院生に敬遠され、お弟子さんがほとんどいなかったことにあると思います。稲田先生は文化勲章受章者を推薦する委員を務めていましたが、御自身を受賞者に推薦するわけにはいきませんでした。文化勲章を受章するには、熱心に推薦してくれるお弟子さんや同僚がいることが必要なのです。

最後に、私と稲田先生の私的な関係に触れておきます。稲田先生は晩年、環境問題に強い関心を持ち、環境問題の研究者を支援していました。私は90年代以降、金融政策に研究課題の中心が移りましたが、その前から、環境問題を研究していました。当時は、環境問題を研究する経済学者はごく少数でしたので、私は稲田先生の目に留まり、研究助成金の推薦人になっていただいたり、研究発表会で貴重なコメントをいただいたりして、大変お世話になりました。しかし、一つは私の能力不足のせいですが、もう一つは私の関心が金融政策と日本のデフレに移っていたため、稲田先生の期待に応える研究成果を上げることはできませんでした。

第9章　誤解される経済現象1——企業の内部留保と上がらない賃金

巷には、経済に関する誤解があふれています。この誤解を解かないかぎり、経済に関するまともな世論は形成されません。この章から12章にかけて、少なからぬ数の人が陥っていると思われる経済に関する誤解からの解放を目指します。誤解から解放されれば、経済の真の姿が見えてくるはずです。

内部留保に課税せよ？

「企業は内部留保をため込んでばかりいて、賃金を上げようとしない」としばしばいわれます。とくに、第二次安倍晋三政権の終わりの頃から、このように言われて、政治家やメディアの人のなかに、「内部留保に課税せよ」と主張する人も少なくありませんでした。

「内部留保をため込んでいる」という人は、「企業は現金や預金をため込んでばかりで、成長のために使っていない」と考えているようです。

そこで、内部留保とはなにかを説明しておきます。実は、企業会計では、内部留保という用語は使われず、利益剰余金という用語が使われます。

利益剰余金とは次のように定義されます。企業は売上高からさまざまな費用と税金を支払います。この支払った後に残る利益を当期税引き後利益といいます。この当期税引き後利益をある時点まで、累積的に合計した金額（ただし、その期間の株主配当総額を差し引いた金額）が、ある時点における利益剰余金です。

このように、利益に対してすでに税金を支払った後のお金を積み立てたものが利益剰余金ですから、利益剰余金に課税することは、いわば、勤労者が給与所得税を払った後の可処分所得のうち、消費せずに貯蓄し続けてきた結果、たまった貯蓄残高に課税することと同じであり、二重課税になります。このような二重課税は税理論からみて、妥当ではありません。

企業は利益剰余金を何に使うか

利益剰余金は株主配当、設備投資、企業買収、海外直接投資、修繕積立金、役員退職金支払いなどの資金として使われます。あるいは、将来の決済に備えて、現金や預金としても保有されます。

これらのうち設備投資と企業買収は、企業の生産性と収益力を引き上げるものですから、利益剰余金は企業成長のための原資になっています。

例えば、ファイザーやモデルナは新型コロナワクチンを1年程度で製品化することに成功しましたが、それは、両社がそれまで長期にわたって、成功するかどうかわからない設備投資や研究開発投資や企業買収などの投資活動を続けてきたからです。こうしたリスクの大きな（失敗する確率が小さくない）投資活動を可能にした大きな要因の一つは、これらの活動を支える原資である利益剰余金を豊富に保有していたことにあります。

利益剰余金と現金・預金とは同じではない

設備投資や企業買収などに使われた利益剰余金は、企業の手元に現金や預金として残っているものではありませんから、賃金に回すことはそもそもできません。また、将来の建物の修繕費や退職金支払いに備えた積立金（利益剰余金の一部です）も賃金支払いに充てるわけにはいきません。

ただし、利益剰余金の中には、現金・預金として保有されている部分も存在します。現金の金利はゼロで、デフレないし低インフレが続く日本では、預金金利も限りなくゼロに近い水準です。したがって、株主から見れば、企業が現金や預金で保有するくらいなら、配当してほしいと思うでしょう。現金・預金を大量に保有する企業は、「現金リッチ」企業と呼ばれますが、そのお金を有利に運用できないダメな企業と見なされると、株価が低下したり、敵対的買収（既存の経営者にとって代わる企業買収）の対象になったりします。

しかし、現金・預金は原材料の仕入れ、あるいは借金の返済や収入の減少への備えなどのために保有されるのであって、あてもなく無駄に保有されているわけではありません。

確かに、全産業（除く金融・保険）の現金・預金残高は、19年度は221兆円にのぼり、GDP比40％に達する金額です。20年度は新型コロナの影響で、さらにGDP比48％に上昇しました。そこで、「企業は現金・預金をため込んでばかりいる。そのくらいお金が余っているなら、賃金の引き上げに回すべきだ」と主張されます。

しかし、リーマン・ショックや新型コロナ・ショック、さらにロシアのウクライナ侵略などが起きると、「現金リッチ」な企業は、資金繰りに窮して最後には倒産してしまうというリスクを免れることができます。つまり、「現金リッチ企業」は不況に強いのです。

企業の資産に占める現金預金比率の上昇は、90年代のバブル崩壊とその後のデフレにより、企業が巨額な不良資産を抱えて、借金の返済や資金繰りに苦しんだ経験から、「いざとなったときに、一番頼りになる」現金・預金をそれまでよりも多く持つようになったことを反映しています。つまり、日本の企業は90年代以降の悪化した経済環境の中で、安全志向を強めているのです。

企業の現金・預金保有の増加を非難するよりも、巨額な現・預金を持たずに済むような経済環境を作ることを考えるべきです。この経済環境の改善に努めることこそ、政府と中央銀行の仕事です。責められるべきは、企業ではなく、バブルとその崩壊を引き起こし、最後には、経済をデフレに陥れるような経済環境を作った政府と、2013年3月末に執行部が交代するまでの日本銀行です。

90年代以降増えた企業買収と対外直接投資

90年代以降の企業の利益剰余金の使途の特徴は、国内設備投資よりも企業買収や対外直接投資などに使う割合が増えていることです。企業買収が増えているのは、技術や需要構造の変化が急速に進む時代になっているからです。こうした時代には、自ら高い費用と時間をかけて、設備投資や研究開発投資をするよりも、すでに需要構造の変化に適応した優れた技術を持っている企業を買収した方が、少ない費用で高い利益を上げることができます。

例えば、アマゾンは当初は書籍をネット販売するだけの会社でしたが、今では、工具、化粧品、洋服、装飾品、食品と飲料など、なんでも売っているという感じです。こうした多種多様な製品を販売できるのは、それぞれの専門企業を買収し続けてきたからです。この品揃えの豊富さでは、今のところ、アマゾンに勝てる企業はなさそうです。

一方、企業の対外直接投資が増えているのは、賃金の低い国で投資し、そこで人材を育成して生産した方が低価格・良質な製品を生産することができ、利益が大きくなるからです。日本の低すぎるインフレとデフレにより、80年代以降、円高傾向が続いたことも対外直接投資を増やしてきた大きな要因です。

企業買収や対外直接投資は、設備投資と違って、国内雇用の増加をもたらしません。そのため、さしあたり、賃金上昇要因にもなりません。このように、雇用の増加と賃金上昇に結び付かない利益剰余金の使い方が増えていることが、労働者に有利に働かないため、「企業は内部留保をため込むばかりで、賃金を上げようとしない」という不満が出てくるのでしょう。

もっとも、企業買収は長期的に見れば、企業の生産性向上に役立ち、賃金引き上げ要因になります。

デフレを脱却すれば、設備投資は増える

以上から、内部留保（正確には、利益剰余金）に課税したり、企業保有の現金・預金に課税しても、

賃金が上がったり、設備投資が増えたりはしません。

設備投資の増加率が低いのは、デフレが長期にわたって続いたため、国内の需要が伸びず、その結果、企業が成長期待を持てなくなっているためです。成長期待が持てないため、企業はできるだけ借金せずに、設備投資を内部資金（税引き後利益から配当せずに残った資金と減価償却費の合計）の範囲にとどめてきたのです。

期間別の年平均設備投資増加率（前年比）を見ると、1980年〜91年7・9％、92年〜2000年マイナス0・5％、01年〜12年マイナス0・02％です。91年のバブル崩壊から90年代後半以降のデフレの継続期間、いかに設備投資が停滞したかがわかります。

年平均設備投資の増加率がプラスに転ずるのは、13年4月以降、日本銀行が「量的・質的金融緩和政策」を採用してからです。この期間、低いながらも物価は基調的に上昇し続け、デフレ状態ではなくなりました。その結果、この期間（13年から19年）の年平均設備投資増加率は2・3％まで上昇したのです。

30年間、実質賃金は上がらなかった？

「日本の実質賃金は30年間ほとんど上がっていない」といわれます。本当のところはどうなのでしょうか。

実質賃金が語られるときには、厚生労働省の『毎月勤労統計調査』（以下、『毎勤』と呼びます）のデータが用いられるのが普通ですが、同調査には不正があったことが19年に発覚し、23年現在も修正がなされており、信頼性に欠けます。そこで、ここでは、GDP統計の「雇用者報酬」のデータを用いて、一人当たり実質雇用者報酬を実質賃金として採用します。名目雇用者報酬から物価変動を考慮した実質雇用者報酬を求めるときの物価としては、消費税抜きの消費者物価（生鮮食品を除いた総合）を用います。消費税抜きの物価を使うのは、消費増税の物価引き上げ効果を除去するためです。

この統計の雇用者報酬とは、賃金・俸給に企業の社会負担を加えた金額です。企業の社会負担とは、社会保険制度の年金保険料の企業負担と、確定給付型の退職後所得保障制度の年金と、退職一時金の合計です。賃金・俸給の中には、『毎勤』では含まれていない給与住宅差額家賃や雇用者ストックオプションなどが含まれます。企業の社会負担は『毎勤』の賃金には含まれませんが、雇用者報酬に含まれるのは、企業の社会負担は雇用者に帰属する所得だからです。このことは、仮に、企業の社会負担がなければ、企業はその負担しなかった分を賃金として支払い、雇用者が増えた賃金の中から年金保険料として支払うことになると考えれば、理解できるでしょう。

なお、残念ながら、雇用者報酬の連続したデータは1994年からしか得られませんが、図表9-1から次のことがわかります。

①21年度の一人当たり実質雇用者報酬の対94年度比は、マイナス2・1％ですから、27年間で、実質賃金は若干低下しました。

②実質賃金の低下がもっとも大きかったのは、旧日銀期（98年度〜12年度）で、マイナス9・2％です。ここに、旧日銀期とは、新日銀法施行開始（98年度）から、日銀がアベノミクスの下で「量

的・質的金融緩和（ＱＱＥ）を開始した13年度より前の12年度までの期間を指します。旧日銀期の日銀総裁は、日銀出身の速水優、福井俊彦、白川方明の各氏です。

③新日銀期（13年度〜21年度まで。ＱＱＥの時期）の実質賃金は4・4％上昇しました。13年度と14年度は12年度よりもやや低下しました。景気が良くなり、雇用者が増え始める初期は、それまで職に就けなかった人の賃金が、すでに雇われている人の賃金よりも低いため、雇用者全体の実質賃金は平均すると、下がってしまいます。しかし、15年度以降は12年度よりも高くなっています。21年度の実質賃金はリーマン・ショック前の08年度とほぼ同じ水準まで戻っています。

このように、実質賃金は95年以降の27年間下がり続けたわけではなく、アベノミクスが始まってから3年目の15年度からは上昇しています。

④「量的・質的金融緩和」は効果がなかったといわれることがありますが、図表9-1は、旧日銀期と新日銀期の「実質賃金と雇用者数」の成果は、新日銀期の方がはっきりと良好であることを示しています。しかし、新日銀期の9年間で、実質賃金上昇率が4・4％では、好成績からは遠いといわざるを得ません。

⑤さらに、新日銀期の実質給与・俸給の上昇率は3・4％に留まりました。雇用者は企業の社会負担を実質賃金の一部だとは認識せず、実質給与・俸給を実質賃金と考えますから、9年間で3・4％の上昇では、実質賃金が上昇したという実感を持てないのも、無理もないといえます。

図表 9-1　アベノミクスで増加に転じた一人当たり実質雇用者報酬と雇用者数

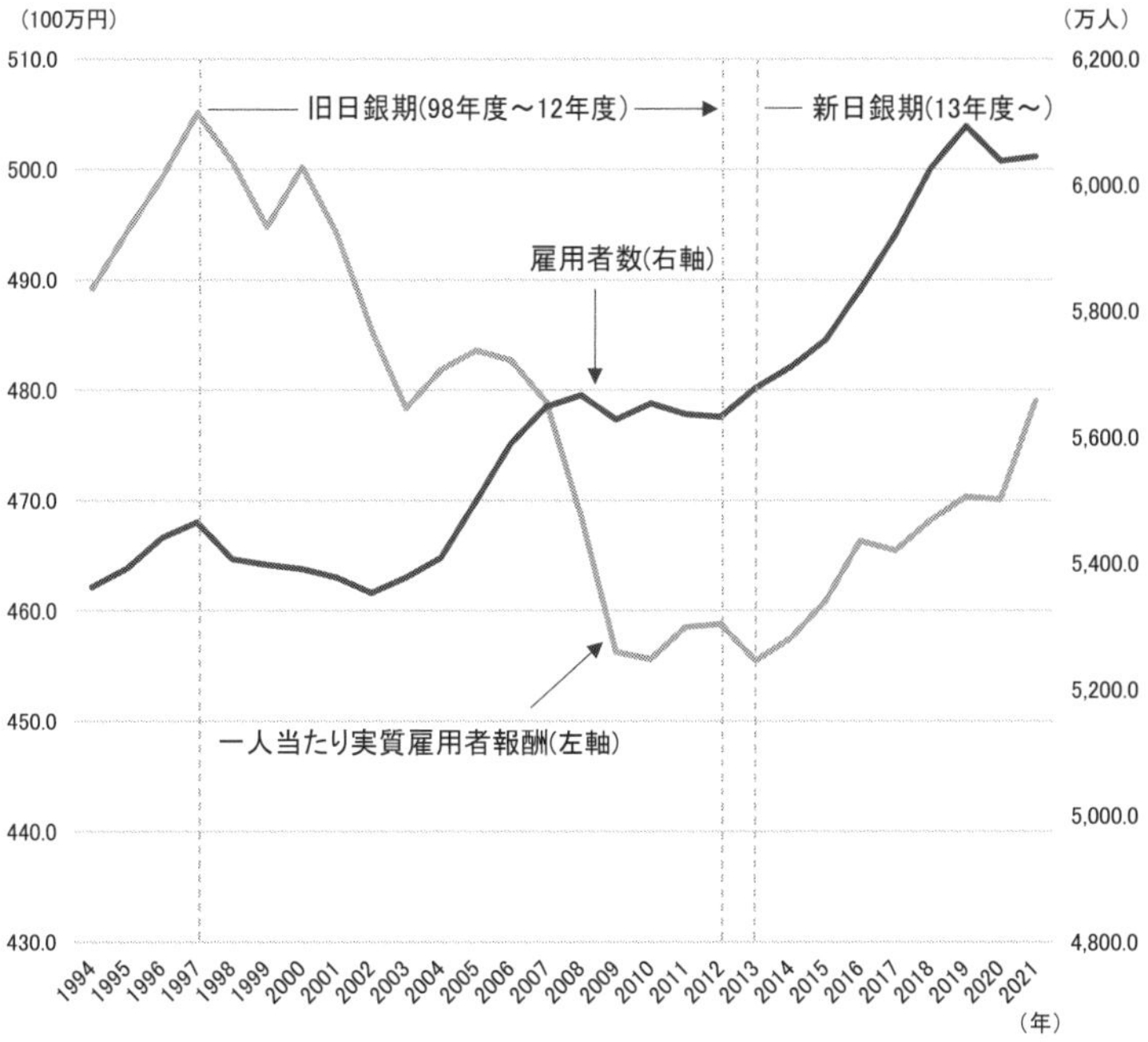

実質賃金が長期低迷したのは、技術進歩が低かったから?

それでは、実質賃金が長期にわたって低迷した原因は何でしょうか。よく言われるのは、「ＩＴ投資が遅れているからだ」とか「イノベーションが起きなかったからだ」といったことです。要するに、「90年代に入って、日本企業は急にダメになり、技術進歩がなかったため、労働生産性が落ちたからだ」という供給サイドに問題があるという指摘が多いのです。本当のところどうなのでしょうか。

経済全体の労働生産性は、実質ＧＤＰを就業者数で割った値と定義されます。つまり、労働生産性とは就業者一人当たりの労働生産性のことです。

この労働生産性は、時間当たりの労働生産性と就業者一人当たりの労働時間の積に等しくなります。したがって、時間当たりの労働生産性が上昇しても、就業者一人当たりの労働時間が短くなると、労働生産性はあまり上がりません。日本の時間当たり労働生産性は、２０２１年は１９９１年よりも46・5％上昇しました。しかし、同期間の就業者一人当たりの労働時間は19・6％も短くなりました。このように、時間当たり労働生産性は上昇して、労働生産性を引き上げたのですが、一人当たりの労働時間が大きく減少して、労働生産性を大きく引き下げました。その結果、21年の労働生産性は91年よりも17・8％の上昇にとどまりました。

いま述べた点を、何かと優等生扱いされるドイツと比べてみましょう。ドイツの21年の時間当たり労働生産性は、91年よりも44・7％上昇しました。この上昇率は日本よりも低い水準です。しかし、同期間の一人当たりの労働時間は日本よりも6・4％ポイント小さい13・2％の短縮に留まりました。その結果、同期間の労働生産性は日本よりも7％ポイント高い24・8％上昇しました。

以上のように、時間当たり労働生産性の上昇率は、ＩＴ投資が日本よりも盛んだったドイツの方が低かったにもかかわらず、日本の労働生産性上昇率がドイツよりも低くなってしまったのは、日本の就業者一人当たり労働時間の短縮がドイツよりもかなり大きかったからです。

低い労働生産性上昇率の原因は、低すぎるインフレとデフレ

このように、90年代以降、日本の労働生産性上昇率が鈍化したのは、ＩＴ投資や技術進歩の停滞といった供給側の要因のせいではなく、単に、就業者一人当たりの労働時間が大きく減少したせいなのです。

90年代以降、２０１２年まで、就業者一人当たり労働時間が大きく減少した主たる原因は、バブル崩壊後の低インフレを伴った景気の悪化とデフレ経済への転落により、フルタイムの正規社員が減少する一方で、短時間労働の非正規社員が増加したためです。非正規社員比率は、91年２月は19・8％でしたが、12年は35・2％へと77％もの上昇です。とくに、デフレ期間の98年から12年（旧日銀期でもあります）は50％の上昇で、就職氷河期といわれ、若年層の非正規社員比率が大きく上昇しました。

一方、13年～22年のアベノミクスの期間（新日銀期）は、全体の非正規社員比率はごくわずか上昇しましたが、65歳未満（在学中の15歳～24歳を除く）はどの年齢層でも、低下しました。それでも、この期間、一人当たり労働時間が減少したのは、非正規社員の時給が大きく上昇したため、短時間

労働を選択する高齢者（65歳以上）の就業率が高まったからです。19年以降、残業の上限規制の強化も正規社員の労働時間を短縮化したと考えられます。

同じ一人当たり労働時間の短縮化でも、アベノミクス以前は、労働市場の悪化が原因であったのに対して、アベノミクスの期間は、逆に、労働市場の改善が原因であることに注意する必要があります。

実質賃金が低迷した究極の原因は低すぎる貨幣増加率

日本の実質賃金が92年以降、ほとんど上がらなかったのは、低すぎるインフレ（92年から94年および14年から21年）とデフレ（95年〜12年）のためです。そして、低すぎるインフレとデフレの原因は低すぎる貨幣増加率です。結局、「90年代以降の実質賃金の低迷の原因は低すぎる貨幣増加率であり、ＩＴ投資等の低迷や技術進歩の停滞ではない」ということです。

アベノミクス期間についていえば、すでに述べたように、13年4月からのＱＱＥにもかかわらず、21年の一人当たり実質雇用者報酬が対12年比で、3・9％に留まったのは、二回にわたる消費増税と基礎的財政収支の黒字化を急いだ緊縮財政が、ＱＱＥによる貨幣増加率の引き上げ効果を大きく阻害したからです。したがって、「『ＱＱＥ』は2％の物価安定目標の達成と実質賃金の引き上げに失敗した」という主張は、いま述べた緊縮財政の阻害効果を無視した、偽りの言説です。

むしろ、財政金融政策の両方の効果に目配りするならば、仮に、ＱＱＥなしに消費増税と基礎的財政収支の黒字化を急ぐ緊縮財政を実施したならば、デフレが続き、実際に起きたよりも、失業率は高く、実質賃金は低下し、名目と実質の成長率は低くなったと考えるのが、経済学的な思考というものです。

川本卓司他「マクロ経済モデルQ-JEMを用いた『量的・質的金融緩和』導入以降の政策効果の推計」(日本銀行ワーキングペーパーシリーズ No.21-J-7 2021年)は、いま述べた経済学的思考に基づいて、仮にQQEが実施されなかった場合の「仮想的なパス」を想定し、金融変数がその「仮想的なパス」を辿った場合の実質GDPや消費者物価等の推移を、日本銀行の大型マクロ経済モデルを用いてシミュレーションしています。そのうえで、実績値とシミュレーション結果の差を、実質GDPや消費者物価に与えたQQEの政策効果とみなすと、QQE導入から2020年7~9月までの期間において、実質金利の押し下げ幅はマイナス1・5~マイナス1・0%程度、平均的に10円程度の円安効果、平均して27%程度の株価引き上げ効果があったと推計され、これらの効果と貸出市場のアベイラビリティ改善は需給ギャップと消費者物価を強力に押し上げる効果を発揮しました。その結果、QQEは「実質GDPの水準で平均プラス0・9~1・3%程度、消費者物価(除く生鮮食品・エネルギー)の前年比で平均プラス0・6~0・7%ポイント程度押し上げた」という推計結果を導いています。

なお、このシミュレーションでは、「QQEは雇用・所得環境の改善を通じて個人消費を押し上げましたが、株高による資産効果や実質金利低下による消費刺激効果はさほど大きくなかったため、その押し上げ寄与は投資需要ほどには大きくない」という結果も得ています。この点も、実際の消費動向と整合的です。

非科学的態度に終始するQQE否定論者

「QQEは効果はなかった」というエコノミストや経済評論家は少なくありません。しかし、かれらは、川本卓司他の論文のような、「もしもQQEがなかったら、各種の経済変数はどうなったかを、理論的・実証的に分析をすることなく」、もっぱら、「2%を達成できなかった」ことを金科玉条として、印象的に、QQEの効果を否定するという、非科学的な態度に終始しています。

13年3月末までの日銀エコノミストは、もっぱら、旧日銀の金融政策を支持する研究ばかりしていました。「QQEは効果はなかった」というエコノミストの経歴を調べると、QQEが始まった13年4月までに、日銀を退職したエコノミストが多いことがわかります。かれらにとって、QQEの効果を認めることは、自分たちの研究を否定することになります。かれらがQQEの効果を、実証的にでなく、もっぱら印象的に否定するのはそのためだと考えられます。

日銀執行部が交代した13年3月末以降は、日銀エコノミストは自由に研究できるようになり、次々に、有益な研究成果を発表しています。日本には、財政金融政策を理論的かつ実証的に分析できる能力を持った人材は、日銀エコノミスト以外は極めて少数にとどまっており、今や、日銀エコノミストは日本経済にとって、きわめて貴重な存在です

最後に、日本銀行のエコノミストに望みたいことがあります。それは、「もしも14年度と19年半ばの消費増税がなかったら、実質GDPや消費者物価はどうなったか」のシミュレーションです。

第10章　誤解される経済現象2——新自由主義・市場原理主義・自由放任・格差

定義されないままの反新自由主義

日本でいま、経済用語の中で、新自由主義ほど嫌われている言葉はないようです。岸田文雄首相も「行き過ぎた新自由主義をただす」といって、自民党総裁選を戦って、首相の座に就いた人です。ところが、「新自由主義が日本経済を破壊した」という人々は、新自由主義とは何かを定義せずに、反新自由主義を唱えています。新自由主義というならば、旧自由主義があるはずです。「新自由主義が悪い」という人は「旧自由主義なら良い」と考えるのでしょうか。そうであれば、旧自由主義と新自由主義の違いを明らかにする必要があります。しかし、私は寡聞にして、その違いを明確にしている論者に出会ったことがありません。

フリードマンの新自由主義の定義

新自由主義を明確に定義したのは、生粋の自由主義者のミルトン・フリードマン（Friedman［1951］）"Neo-Liberalism and its Prospects", *Farmand*, 17 February）です。フリードマンは後に、

Capitalism and Freedom, University of Chicago Press, 1962（村井章子訳『資本主義と自由』日経ＢＰクラシックス、２００８年）と*Free to Choose: A Personal Statement*. Penguin Books, 1980（ミルトン＆ローズ・フリードマン『選択の自由――自立社会への挑戦』西山千明訳、日本経済新聞社、１９８０年）を著していますが、これらの著書では新自由主義という言葉は使われておらず、単に、Freedomとか Freeという言葉が使われています。つまり、フリードマンが新自由主義という言葉を使ったのは、右に述べた論文だけです。

この論文で、フリードマンは"Neo-Liberalism"という言葉を使って、それについて次のように述べています（以下の邦訳は、元の論文の直訳ではなく、著者の若干の脚色が加えられていますが、元の論文の意図を曲げるものではありません）。

フリードマンが定義する新自由主義（Neo-Liberalism）は、個人の基本的自由を強調する19世紀の自由主義を受け入れていますが、その手段としては、19世紀の自由放任（レセ・フェール、laissez-faire）に代わって、競争秩序を掲げています。生産者間の競争を利用して消費者を搾取から守り、企業間の競争を利用して労働者と財産の所有者を守り、消費者間の競争を利用して企業そのものを守ろうとするものです。国家は、このシステムを監視し、競争に有利な条件を確立して独占を防ぎ、安定した貨幣の枠組みを提供することによって、深刻な不幸と苦痛を和らげることができると考えるのです。国民は、自由な民間市場の存在によって国家から保護され、競争の維持によって互いに保護されます。

国家が行使する機能は、19世紀の個人主義（individualism）とも集産主義（collectivism：生産手段などの集約化・計画化・統制化などを進める思想）とも異なります。国家は、もちろん法と秩序を維持し、古典的な「公共事業」に従事する機能を持ちます。しかし、それ以上に、国家は、自由競争が繁栄し、価格システムが効果的に機能するような枠組みを提供する機能を持たなければなりません。国家の第一の機能は、あらゆる分野で企業を設立し、あらゆる職業に就く自由を維持することであり、第二の機能は、貨幣の安定を提供することです。

第一の具体的な機能は、国家による参入規制を避け、企業がより良い製品をより低い価格で販売する以外の方法で競争相手を排除することが困難または不可能となるような企業運営のルールを確立し、企業の結合や企業による取引制限行為を禁止することです。

アメリカの経験は、このような方向で企業が行動すれば、国家による大規模な介入なしに高度な競争を実現できることを示しています。シャーマン独禁法は、その存続期間のほとんどにおいて積極的な執行が行われなかったにもかかわらず、米国がヨーロッパよりもはるかに高度な競争を実現している主要な理由の一つです。

第二の機能である貨幣の安定性を提供するためには、貨幣と銀行のシステムを改革し、私的な貨幣の創造を排除し、中央銀行（国家の一部である）を、貨幣量の変化の安定性を促進するように設計された明確なルールに従わせることが必要です。貨幣の供給は、純粋な商品貨幣を除いては、競争に任せることはできず、常に国家の適切な管理を必要とするものと認識されてきました。実際、この分野で政府の計画が失敗した結果、極端なインフレや深刻な恐慌が起きました。ところが、この政府と中央銀行の失敗が、民間企業の自由な活動に対する反対意見の大きな部分を形成し、さらに他の分野についても政府の管理を支持する正当な理由として引用されてきました。

もう一つ、政府は不幸と苦痛を和らげるという機能を持つべきです。私たちの人道的な感情は、「人生の宝くじにハズレを引いた」人たちに対して何らかの処置を施すことを求めています。この機能を民間の慈善事業や地域の責任に完全に委ねるには、私たちの世界はあまりにも複雑に絡み合い、私たちはあまりにも過剰に反応しすぎています。この機能の遂行には、市場への干渉を最小限に抑えることが不可欠です。農民であろうと都市住民であろうと、若者であろうと老人であろうと、貧しいという理由で補助金を出すことは正当化されます。農民だから補助するのではなく、彼が貧しいから補助金を給付するのです。すべての人の最低所得を達成しようとすることには正当性があります。しかし、最低賃金を設定し、それによって所得のない人の数を増やすことには正当性がありません。パンを、肉を、などと個々の製品の最低消費を達成しようとすることにも正当性はありません。

以上は、新自由主義者が国家に与える広範な権限と重要な責任です。しかし、本質的なポイントは、これらの権限はすべて範囲が限定され、すべての人に適用される一般規則によって行使することが可能な権限であるということです。行政命令ではなく、法律による政治を可能にするように設計されなければなりません。何百万もの独立した経済単位が個々のイニシアチブを行使する余地を残しておくことが重要です。これらの個々の消費活動の調整は、非人間的（国家や特定の人が介入することのない――岩田注）な価格システムの比類なき効率に委ねられます。そして何よりも、経済資源の所有と運用を主に個人の手に委ねることによって、個人の自由と解放を最大限に維持することが重要です。

以上のように、フリードマンがこの論文で、単に自由主義と言わずに、新自由主義（Neo-Liberalism）と述べたのは、19世紀の自由主義と区別する必要を感じていたからです。すなわち、例えば、企業活動の自由は重要ですが、その自由は競争の果てに、寡占や独占をもたらしてしまいました。寡占や独占は自由競争を阻害し、供給を制限し、価格を釣り上げることによって、消費者を搾取します。ここに、搾取するとは、消費者が消費から得られる効用を低下させることを意味しています。

フリードマンはこのような歴史的経験を踏まえて、寡占や独占を法によって規制し、その規制されたルールの下での企業間競争を維持する必要性を強く感じていたのです。

同様なことは、貧困についてもいえます。自由競争は、たまたま「人生の宝くじにハズレを引いた」人たちを貧困にし、そこから脱出することを困難にします。したがって、貧しい人には、その人の職業や年齢などの属性にかかわらず、人道的な立場から、補助金を支給することが必要であると、フリードマンは考えるのです。この考えは、後に、フリードマン独特の「負の所得税」というアイディアを生み出し、いまでは、ベーシック・インカムとか給付付き税額控除制度と呼ばれて、右派も左派も提案しています。

どういう人が新自由主義に反対するのか

それでは、どういう人が新自由主義に反対するのでしょうか。

第一は、マルクス主義者です。この人たちは、悪はすべて資本主義のせいにするので、問題外として、話を先に進めましょう。

第二は、新自由主義を「弱肉強食の競争社会を良しとする考えだ」などと誤解している人です。この人たちは、そもそも、フリードマンが定義した「新自由主義」を知らずに、「小泉純一郎政権は新自由主義を信奉した政権だ」とか、「竹中平蔵は新自由主義者で、日本を破壊した」などと批判している人です。小泉純一郎元首相も竹中平蔵氏も「フリードマンが定義した新自由主義」を掲げたことはありません。

第三は、若い時に、マルクス主義に触れて、多少とも親近感を覚えた人で、今は高齢者に属する人たちです。彼らは、資本主義経済の恩恵を十分に受けて、会社である程度出世して、老後を平均並みかそれ以上の生活水準で送っています。しかし、昔マルクス主義に触れて（あるいは、かぶれて）、安保反対デモや全共闘運動などに多少かかわったりしたため、自分の血気盛んだった若いころを懐かしむばかりで、自分が資本主義から多大な恩恵を受けてきたことを忘れているか、認識できないでいます。

第四は、自民党嫌い、あるいは、安倍晋三嫌いなど個人が嫌いなため、原データに当たることなく、新自由主義で格差が拡大した（実際は、アベノミクスで格差は縮小しています。239〜240頁参照）に決まってるなどと思い込み、何でも悪いことは新自由主義のせいにする人です。

第五は、電力などのインフラの民営化は新自由主義に基づくもので、そもそも民営化すべきでないと考える人です。しかし、民営化に反対する前に、実際の民営化の方法に欠点があるために、民営化が人々の厚生を引き下げているのではないかと問い、専門家の研究にあたってから、民営化の是非を検討すべきです。

第六は、反新自由主義によって利益を得、新自由主義になると損失を被る人たちです。この人たちが一番問題になる、手ごわい人たちですので、三つほど事例を紹介して説明しましょう。

①大規模小売店舗立地規制……今では、日々の食材は大規模小売店（スーパー）で購入するのが普通ですが、かつてはスーパーの新規出店に際しては、事前の届出により、各地区の商工会議所などが組織する協議会などの意見に基づいて、通産大臣が、店舗面積、開店日、休業日数、閉店時刻の各事項について、必要に応じ勧告や命令によって調整することが可能でした。要するに、スーパーの新規出店を絶望的なまでに難しくして、消費者の利益よりも小型店の利益を守ってきたのです。この規制は2000年に廃止されました。この規制廃止により、ようやく、消費者は品ぞろえの豊富なスーパーで、さまざまな食材の買い物を一か所で済ますことができるようになったのです。

②航空事業参入規制と航空料金規制……航空事業の参入規制は、参入条件を厳しくして、事実上、既存の航空会社以外の航空サービス供給を認めない規制です。この規制と航空料金規制とにより、既存の航空会社は価格やサービスで他社との競争から守られて、独占的利益を得ることができました。これらの規制は2000年に廃止されました。国土交通省「国内航空における規制緩和―改正航空法による規制緩和の検証―」（2005年）は、「2005年の事業者数については、規制緩和

の結果、ビジネスチャンスが拡大し、新規参入が進んだものと考えられる。運賃については、利用者に対して多様な選択肢が提供されるようになり、新しい形態の割引運賃やサービスの利用も進んだ結果、利用者利便が向上していると考えられる」と評価しています。何よりも、現在では、格安航空会社（Low-cost carrier, LCC）が登場して、従来型の航空会社のようなフル・サービスは受けられませんが、その分安い価格で利用できるようになったことが、消費者の利益を拡大させています。

「航空に関する規制緩和は、航空会社が安全性よりも利益を優先するようになるから、事故が多発する」という、航空規制緩和反対論が根強く存在しましたが、航空規制緩和により、航空事故が増加したという事実はありません。航空会社が安全性を無視して、一回でも大きな事故を起こせば、客離れが起きて倒産する大きなリスクがあります。したがって、規制緩和したからといって、安全性を無視して、利益ばかり追求するようなことはしないのです。何よりも、そんなことをしたら、乗務員の命がリスクにさらされ、乗務員が会社から去っていきます。

③農業保護政策……日本の農業従事者のうち主業農家（農業所得が主〔農家所得の50%以上が農業所得〕で、65歳未満の農業従事60日以上の者がいる農家）は19%（22年。以下同じ）にすぎません。大多数は平日別の仕事に就いており、農業所得よりも農外所得の方が多い、準主業農家と副業農家です。そういった人たちは、普段は公務員などとして働いているケースも多く、比較的安定した収入を得ており、農業所得も上乗せされますから、平均的なサラリーマンよりも所得水準が高い場合が少なくありません。

ところが、これまで、国は「食料自給率を上げる」という名目で、農業を手厚く保護してきました。例えば、農水省は「米穀、麦その他の重要な農産物について、諸外国との生産条件の格差や農業収入の減少が農業経営に及ぼす影響を緩和するため、畑作物の直接支払交付金（ゲタ対策）および米・畑作物の収入減少影響緩和交付金（ナラシ対策）を担い手（認定農業者、集落営農、認定新規就農者）に対して直接交付します（いずれも規模要件はありません―傍点は岩田）」という「経営所得安定対策」を提案し、23年度予算として2730億円を要求しました。

日本の農業経営規模は、EUの約6分の1、米国の約60分の1、豪州の約1490分の1に過ぎません。コメ農家の平均規模は約1ヘクタールで、米国（カリフォルニア州）の約160分の1です（農水省調べ）。

こうした経営規模の差を反映して、日本のコメの平均的な生産費用は、米国の7・3倍（農水省調べ。18年）です。日本でも、規模の経済は明確で、コメの生産費用は、300ヘクタール以上は0・5ヘクタール未満に比べて57％も安くなります。

コメをはじめとして、日本の農業の生産性を引き上げて、生産費用を引き下げ、消費者が安くて良い食料品を消費できるようにするためには、農業経営規模の拡大が必須の条件です。そのためには、経営規模の小さな副業農家まで、農業に従事することがペイするような保護政策を止め、そうした農家には農業から撤退してもらい、主業農家に農地を売っていただくか、賃貸していただくしかありません。そのための有効な手段は、「現在の農地からの将来所得の現在価値に、若干上乗せした金額を、農業撤退給付金」として一回限り、撤退する農家に支払うことです。

ただし、売却されたり、賃貸されたりする農地が散在していたのでは生産性は上がりませんから、農地を集約することが必要です。農水省は、「担い手への農地の集積・集約化を加速させる観点から、真に地域の話合いに基づく『人・農地プラン』の取組」を始めています。しかし、撤退給付金なしには、そもそも、大規模経営を目指す農家に農地を売却したり、賃貸したりする誘因がありません。この誘因があれば、「真に地域の話合いに基づく『人・農地プラン』」も必要ありません。不動産業者が農地集約事業に参入してくるはずです。「話合い」でなく、しがらみのない市場を利用する方が効率的です。

もう一つ提案しておきたいことは、現在、厳しく制約されている株式会社の農業参入を認めることです。農業は天候等により生産量が大きく変動する、リスクの大きな産業です。こういう産業にはリスクのとれる株式会社が向いています。

以上は、食料自給率を引き上げる政策でもあります。

私が95年頃に委員を務めていた政府の「規制緩和小委員会」で、株式会社の農業参入の自由化を提案したところ、出席していた農業の代表者が「株式会社はもうからなくなったら、農業からすぐ撤退してしまう。それでは、日本の食料安全保障を守ることはできない」と、私の提案に大反対しました。そこで私は、「農家も農地を住宅地として売って、大きな譲渡所得を得たり、公共用地として売れる機会が来るまで、名ばかり農業を続けたりしているではありませんか」とはっきり言ってしまったため、農業代表者の激しい怒りを買ったことがあります。

事例を挙げればきりがないので、この辺で、事例紹介は終わりにしますが、以上の事例から見て、新自由主義に反対して各種の規制や税・補助金等の面で優遇措置を受けようとすることは、消費者の犠牲の上に自分たちの既得権益を守ろうとする団体や組織であることを理解していただけたと思います。

つまり、反新自由主義とは、消費者の利益を犠牲にして、自らの利益を守ろうとする行為に過ぎないのです。

新技術と新経営方式は産業と雇用構造を変える

結局、新しい技術や経営方式が生まれれば、消費者の利益のためには、既得権益を棄てざるを得ないということです。しかし、これは、新自由主義思想が生まれる前から、繰り返されてきたことであり、新自由主義のせいではないことに注意する必要があります。

例えば、明治時代の人力屋さんや馬車屋さんは、汽車や自動車に道を譲るしかありませんでした。石炭から石油への転換により、日本の危険な炭鉱（オーストラリアなどの石炭輸出国は地表を削るだけの「露天掘り」であり、作業は日本炭鉱のように危険ではありません）はコスト面で不利になり、消滅しました。

人々の所得水準が上がったため、自宅風呂のある家が増加し、大衆お風呂屋さん（銭湯）は大きく減少し、廃業・転業・転職を迫られました。パソコンはタイピストから職を、携帯電話は固定電話会社の顧客を、それぞれ奪いました。パソコンやスマートフォンは、新聞社のカネの木である紙媒体の新聞購読者の減少を招いています。

自動翻訳ソフトの進歩は早く、最近は、かなり適訳できるようになっています。私は近い将来、翻訳者の仕事はなくなるのではないかと予測しています。語学通訳ソフトの機能が向上すると、通訳の仕事もなくなるかもしれません。

「新自由主義反対」と言って、こうした「消費者の利益を増進する」動きを止めることはできない相談です。

反新自由主義による「集団的所得再分配」の不公平さ

反新自由主義は、ある特定の集団や組織に属する人の所得を守ろうとするものです。このことは、ある特定の集団や組織に属していない人の所得は守られないことを意味します。

例えば、日本労働組合総連合会（以下、連合）を考えてみましょう。連合傘下には50以上の労働組合総連合が参加しており、それぞれの総連合の傘下に、数えきれないほどの労働組合が存在します。連合は正社員の賃金引き上げやその他の雇用条件の改善に取り組む組織です。非正社員の賃金引き上げにも取り組んでいるといいますが、そもそも、非正社員は連合傘下の労働組合員ではないため、大きな限界があり、ほとんど実績を上げていません。つまり、連合は正社員のための組織なのです。それどころか、連合は連合に属する正社員が非正社員にとって代わられること（これを常用代替といいます）がないように、懸命に努力してきました。

例えば、内閣府「労働者派遣制度に関する規制改革会議の意見（2022年11月13日）は、労働者派遣法の問題点について、次のように指摘しています。

「依然として、正社員の仕事を奪うべきではないとする『常用代替防止』が規制の根拠として維持されている。非正規雇用労働者が全体の4割近くなった現在、労働者派遣法だけが『常用代替防止』を通じて従来の日本的な雇用慣行の維持を法の基本原則とすることに固執することは妥当ではない。諸外国では、不安定雇用の拡大防止の観点からの規制はあるものの、我が国のように正社員の保護を目的とする規制は稀である。派遣労働の規制根拠をEUのように『派遣労働の濫用防止』（実態にそぐわない派遣の利用や低処遇・不安定雇用の防止）に転換すべきである。さらに、『派遣労働の濫用防止』は、派遣先の正規雇用労働者との均衡処遇の推進によって実効性を確保すべきである。その際、派遣労働者に不合理な格差が生じないよう、我が国の実情に即し、処遇全般に目配りした幅広い『均衡』を図るべきである」。

常用代替防止の手段として採用されているのが、派遣労働者の派遣期間に3年の上限を課すという「3年ルール」です。例えば、ある会社のある課で派遣労働として働いている人は、3年経つと、同じ課で働くことはできません。他の課で派遣労働者として雇ってもらうか、その会社で直接雇用に切り替えてもらえなければ、その会社を去らなければなりません。これはいたずらに、失業者を生み出すルールです。労働者が3年を超えて派遣で働きたいなら、それを国が制限する理由はありません。

非正社員（男女合計）の時給の正社員の時給に対する割合（時給で比較するのは、正社員と非正社員とでは勤務時間が異なるため）は、12年は54％でしたが、22年には60％へと改善しました（厚生労働省『賃金構造基本統計調査』により著者計算）。しかし、これは連合が非正社員の賃金引き上げに努力したおかげではありません。この期間の日銀の「量的・質的金融緩和政策」により、雇用市場が働く人にとって改善したからです。

右では、連合に属している労働者と属していない労働者の間で賃金格差が生じることを指摘しましたが、このように、ある特定の団体や組織に属している人の所得を優遇するという所得分配方式を「集団再分配方式」(名づけ親は八田達夫氏。八田『ミクロ経済学Ⅱ』東洋経済新報社、470〜476頁)といいます。

集団再分配方式は、農業保護政策、中小企業保護政策、保育政策、医療報酬制度など、多岐にわたって見られます。これらの集団再分配方式が採用されるのは、第3章で説明した「鉄の四角形」が、関係する四者に有利になるように機能しているからです。

中小企業保護政策や農業保護政策は、弱者保護の大義名分のもとに実施されていますが、これらの政策は、低所得者だけでなく、裕福な人にも恩恵を与えます。

例えば、東京圏の埼玉県、神奈川県、千葉県を歩いてみましょう。大きく、立派な屋敷の所有者は、各種の農業保護政策と各種土地税制優遇措置とを受けることのできる農家であることがわかります。それに対して、これらの地域から長時間かけて東京まで通勤するビジネスマンは、農地を住宅地に転用した土地を、長期にわたる住宅ローンを組んで高値で買って、狭いマンションに住んでいます。これでは、低所得者・低資産保有者から、高資産家への所得再分配です。

集団再分配は格差を拡大するだけでなく、生産性を低下させます。例えば、正社員であれば、その人の生産性が低くても、雇用慣行だけでなく法的にも雇用が強固に守られているため、解雇されることなく、年功序列のもとで賃金は上昇します。

農業が外国との競争から保護されれば、農地を集約して大規模化し、生産性を上げようとする誘因は働きません。

中小企業を保護すれば、機械やソフトウェアに投資して、資本装備率（総資本を労働者で除した値）を引き上げて、生産性を引き上げなくても、倒産せずに生き残れます。

中小企業保護政策に、社長を子供に継がせることを、税制上有利にする事業承継制度があります。しかし、必ずしも、子供の経営能力が高いといえませんから、この制度は中小企業の生産性向上に役に立ちません。社長は会社の中で最も経営能力の高い人に継がせてもよいし、M&A（企業の合併・買収）を使う手もあり、これらの方式の方が生産性は上がります。いまでは、M&Aの利用を容易にするサービスを提供する企業が増えています。

競争的市場の良いところは、こうした必要に応えて、あるいは潜在的な必要に応えて、モノやサービスを提供する民間企業が現れることにあります。

集団再分配政策から個人再分配へ

この章の冒頭で引用したフリードマンの論文の中に、「農民であろうと都市住民であろうと、若者であろうと老人であろうと、貧しいという理由で補助金を出すことは正当化される。農民だから補助するのではなく、彼が貧しいから補助金を給付するのである」という文章があります。この文章は、集団再分配を否定し、個人単位の再分配（以下、個人再分配といいます）を肯定したものです。

個人再分配は生産性の低下を招くことなく、貧困をなくしたり、格差を縮小したりすることができる所得再分配方式です。その一番の候補は、ミルトン・フリードマンが提案した負の所得税です。ベーシック・インカムは、負の所得税にほかなりません。

累進所得税も設計次第で、生産性の低下を招くことなく、格差を縮小することができます（八田達夫『ミクロ経済学Ⅱ 効率化と格差是正』東洋経済新報社、第22章、２００９年、参照）。相続税も生産性の低下を招くことなく、年金の世代間格差を縮小するように設計できます（岩田『「日本型格差社会」からの脱却』光文社新書、第5章、２０２１年、参照）。

規制改革で淘汰された企業と人はどうすればよいのか

以上で、反新自由主義に基づく規制や税制優遇措置は、既得権益を守ることによって、格差拡大と生産性低下の要因になることを示しました。しかし、読者は、新自由主義に基づく規制改革で、淘汰された企業と人々を放置しておいていいのかという疑問を抱くでしょう。

ここでは、大店法改正による、郊外型ショピングセンターの増設により、従来の中心部であった街が、いわゆる「シャッター街」になってしまった事例を取り上げて、考えてみましょう。

最近、シャッター街で地域密着のサービスを武器に復活を遂げつつある街が増えています。そのうちの成功例の一つとして、香川県の「高松丸亀町商店街」を取り上げましょう。

丸亀町の復活計画は、大型店出店規制が緩和される前から、街の賑わいがなくなり始めていたことに脅威を感じた商店街の人たちによる、１９９０年度の「高松丸亀町商店街再開発計画」から始まりました。この計画に基づく事業は、94年度に高松市の事業計画として認可され、権利変換等の合意形成を経て、ようやく2004年に工事着工にこぎつけました。

福川裕一「中心市街地のにぎわいを取り戻す：復活を遂げた高松丸亀町商店街」(ネットのnippon.com 2019年5月22日)によると、「1995年に1日に2万8000人を記録した通行量は、その後9500人にまで落ち込んだが、現在2万5000人に持ち直している。居住人口も5人から1000人(321戸)へと増加。商店街には157店が入居しているが、空き店舗率はゼロである」とのことです。

復活のポイントを挙げると次のようになります。①復活の担い手となった地権者たちが駐車場経営などで豊富な資金をもっていた、②高松市が積極的に支援し、建物建設に資金援助した、③「所有と経営」を分離し、経営者を全国から募集した、④従来の建物を高層の共同ビルに建て替え、商店街全体をひとつのショッピングセンターと見立て、業種の偏りを是正し、商店街全体のテナントミックス(業種混合支援)を行うことで商店や施設を適材適所に配置し、優良なテナントを誘致した、⑤商店街の4階から上にマンションを整備した。「ここに暮らす住民は『玄関を出たらすぐ三越』という街中に暮らすメリットに加え、『まちのシューレ963』の上層階に診療所が設けられているので、在宅で高度医療、終末医療を受けることもできる。健康・福祉・医療サービスは、高松市の中心市街地の新たなセールスポイントとなっている」(福川前掲論稿)。

私は以上のポイントのうち、とくに、③と④は今後の街の再生にとって重要であると考えます。一般に、シャッター街の土地所有者は高齢者が多く、経営能力に乏しい傾向があります。したがって、有能な経営者を全国から募ることが重要です。そうした経営者を探し、サービスを提供する専門の会社も登場しています。⑤は今後進む高齢化社会では、運転免許を返上する高齢者が増えるので、自動車を必要とする郊外型ショッピングセンターや病院などに通うことは困難になります。したがって、居住、スーパー、ドラッグストア、診療所、保育所、公園、散策道路などが一体となったマンションは、一戸建て持ち家と郊外型ショッピングセンターの組み合わせに対して、競争力上優位に立てる可能性があります。マンションに、ネット環境が整備された部屋（間仕切りのある部屋）が併設されれば、コロナ禍で増加したテレワークも可能になります。

一身独立して一国独立する事

いずれにしても、こうした街の再生・復活には、地元民の自立した復活への情熱が起爆剤として不可欠です。

菅義偉前首相の「自助、共助、公助」という発言に対して、野党やマスメディアから、「自助を真っ先に挙げている」と批判の声が上がりました。日本人はいつから、自助を基本としなくなったのでしょうか。

明治の啓蒙家である福澤諭吉の『学問のすゝめ』（慶應義塾大学出版会）は、「一身独立して一国独立する事」と題して、「国中の人民に独立の気力なきときは、一国独立の建議を伸《のぶ》ること能《あた》わず」（27〜28頁）と述べて、一身独立するためには、「学問」（福澤がいう学問は実学のことです）を学ぶことが不可欠であると説きました。この「一身独立」とは「自分にて自分の身を支配し、他に依《よ》りすがる心なきを云《い》う」（28頁）ことを意味します。

もちろん、福澤は共助や公助を不必要と考えたわけではなく、「官私を問わず、先《ま》ず自己の独立を謀《はか》り、余力あらば他人の独立を助け成すべし」（34頁）と述べています。

新自由主義のもとでの自助、共助、公助の組み合わせ

現在では、自主独立するための「学問」を学ぶためには、福沢の時代よりもはるかに費用がかかります。したがって、国による教育に対する援助が必要です。

さらに、規制改革により、失業した人に対しては、国による職業・就業支援による転職可能なスキルアップが必要です。これは北欧諸国（デンマーク、スウェーデン、ノルウェー、フィンランド）で盛んな積極的労働政策と呼ばれるものです。日本でも、14年の法改正で、従来、雇用保険給付に特化していた雇用保険制度に、職業訓練プログラムを組み込む積極的労働政策への転換が図られました。これは、第二次安倍政権の知られざる貢献です。

「市場原理主義者」は存在しない

新自由主義は、「政府が一切、市場の取引に介入しない」という意味での「市場原理主義者」ではありません。新自由主義を主張する経済学者は、国家の仕事は生命・財産を守るだけで、後はすべて市場に任せるという、「夜警国家主義者」でもありません。

このことは、この章の冒頭で引用したフリードマンの文章からも明らかです。フリードマンは「機会の平等」の立場から、教育を援助する「教育利用券」を個人に配布するアイディアも提案し

ています。これは、教育サービスの供給者である学校を資金援助するのではなく、学校で学びたい人を援助する、すなわち、消費者の選択の自由を重んずるという点に特徴があります。

自由を重んずる経済学者（マルクス経済学者は除く）でも、所得の平等に影響する所得再分配政策に関しては、誰もが完全に一致しているわけではありませんが、所得再分配の手段は個人単位であるべきである、という点では一致しています。

また、経済学者は環境問題のような市場が存在しない場合は、公的に市場を作ることについても一致しています。環境問題とは、汚染物質の排出や地球温暖化を引き起こす物質の排出に関して、市場が存在しないことによって起きるので、「市場の失敗」と呼ばれます。経済学者は、例えば、地球温暖化の原因と考えられている二酸化炭素の排出に関しては、炭素税を課したり、排出権取引市場を創設したりすることで対応すべきであるという点で一致しています。

人々に、政府やコミュニティが「これは消費してよいが、これは消費してはならない」と指示することには、選択の自由を奪う専制主義であるという理由で反対します。ただし、他人に危害を及ぼしたり、本人の生命・健康に著しい悪影響を及ぼしたりするものの消費を、政府が禁ずることは正当である、と考えます。例えば、麻薬の消費を禁ずることがその一例です。ただし、実際に、日本で禁止されている麻薬がすべて、いま述べた害を及ぼしているかどうかについては、議論の余地があります。

経済学者（マルクス経済学者を除く）は、市場に任せておくと格差が拡大しすぎたり貧困に陥ったり、環境が悪化したり景気の変動が大きくなったりすることに対しては、自由放任の市場の機能を修正したり（炭素税や排出権取引市場の創設はその例）、税と社会保険料によって所得再分配したり、財政金融政策で対応したりすることを主張しますが、資本主義の根幹である「私有権」を否定したり、市場そのものを排除して、政府が生産、流通、分配を決定することには反対する、という点でも一致しています。

以上から、「政府が全く、市場取引に介入しない」という意味での「市場原理主義」を主張する経済学者は存在しません。したがって、「市場原理主義」という言葉は死語というべきで、その言葉を使って新自由主義を批判することは、「的外れな藁人形を作って、攻撃している」ようなもので、有害無益です。

新自由主義のアベノミクスで格差は拡大した？

「アベノミクスのような新自由主義は、株価を引き上げただけで、格差を拡大させた」と主張する人も少なくありません。本当のところどうなのでしょうか。

所得の不平等の程度を測る指標にジニ係数があります。ジニ係数とは、所得などの分布の均等度合を示す指標で、0〜1の間の数値をとり、0に近づくほど所得格差は小さく、1に近づくほど所得格差は大きくなります。

厚生労働省『所得再分配調査』はジニ係数を3年ごとに公表していますが、20年は新型コロナ禍で調査が実施されなかったため、得られる最近値は17年です。17年の当初所得（再分配政策前）のジニ係数は11年よりも1・05％大きくなりました。しかし、再分配所得（所得再分配後の所得）のジニ係数は1・8％低下しています。所得格差は再分配所得の格差で見るのが妥当ですから、アベノミクスで所得格差が拡大したのではなく、わずかですが、縮小しました。

ジニ係数には、等価所得のジニ係数があります。等価所得とは、世帯の所得を世帯人数の平方根で割った所得です。所得を世帯人数で割らずに世帯人数の平方根で割るのは、生活するうえで世帯員が共同で使用するものがあるため、世帯人数の平方根で割った所得の方が世帯の生活状態をより的確に示すと考えられるためです。つまり、一人当たり生活費は世帯人員が多くなると割安になることを考慮すると、世帯一人当たり所得よりも、世帯の等価所得の方が適切です。

17年の等価当初所得のジニ係数は11年よりも2％大きくなりましたが、再分配政策後の等価再分配所得のジニ係数は1・4％低下しました。このように、再分配後の等価所得でみても、アベノミクス期に所得格差は縮小しているのです。

次に、貧困の状況を見てみましょう。貧困を示す指標に相対的貧困率があります。これは生存にかかわるほどの貧困ではありませんが、当該国の文化水準や生活水準と比較して困窮した状態を表す指標です。具体的には、世帯の所得が、その国の等価可処分所得の中央値の半分（これを貧困線といいます）に満たない状態です。等価可処分所得の中央値とは等価可処分所得を低いものから高いものへと順に並べて二等分する境界値の所得です。

厚生労働省『国民生活基礎調査の概況』（2019年）によると、12年の（相対的）貧困率（全世帯のうち相対的貧困世帯員の割合）は16％でしたが、18年は15・4％に低下しています。

子どもの（相対的）貧困率（17歳以下の子ども全体に占める、等価可処分所得が貧困線に満たない子どもの割合をいいます）は、12年の16・3％から18年は13・5％に下がっています。

以上のように、アベノミクス批判者の印象とは異なって、データはアベノミクスの期間、所得格差は縮小していることを示しています。

第11章 誤解される経済現象3――円高・円安、国際収支

為替レートと国際収支は誤解の多い分野です。ここでは、そのうちの代表的なものを取り上げ、誤解を糺したいと思います。

円高は国力が強く、円安は国力が弱いことを意味する?

2022年に入ってから、円安が急速に進むにつれて、「円安は日本の国力が落ちているためだ」という声がかまびすしい状況がありました。朝の視聴率の高いテレビのモーニング・ショー(22年6月16日)で、有名なコメンテーターの一人で、経済のド素人(本人はそうとは思っていませんが)が、「円高は国力が強いことを、円安は国力が弱いことを示している。日本の国力はここまで落ちてるんですよ」と声高に叫んでいました。

まず、この種の話では、新自由主義もそうですが、「国力」とは何かが定義されていません。そこで、以下に三つの事例を取り上げて、「為替相場国力決定論者」に聞きたいことがあります。

事例1 1995年4月19日に、円ドルレートは73年の変動相場制移行後、最高値の1ドル79・

75円になりました。当時の経済状況を見ると、実質成長率は90年7–9月期の年率6・8％をピークに低下し始め、右の円高直前の95年1–3月期は1・3％へと、ピークから81％も低下しました。91年には2・1％だった失業率は94年には2・9％への上昇です。その一方で、有効求人倍率は1・28倍から0・71倍へ44％も低下しました。

こうした状況で、最高値の1ドル79・75円を記録したのです。「為替相場は国力で決まる」という人は、いま述べたような経済状況こそ、「強い国力」の状態だと思っているようです。

この超円高の原因に関する有力な説は、メキシコ通貨の対ドル価値が94年末の一週間で半減した、というメキシコ通貨危機説です。この危機発生で、日本の投資家や輸出企業がリスク回避のために、ドルを売って円を買う動きが活発化しました。

事例2　2011年3月11日に、東日本大震災が起きましたが、その後、円高・ドル安になり、11年10月31日には、史上最高値の1ドル＝75・32円をつけました。大震災が起きると、国力が急に強くなるのでしょうか。

この超円高の原因としは、投資家の間に、東日本大震災のため、多額の保険金の支払いが予想される保険会社や復旧のための資金が必要な大企業がドル建て資産を売却して円資産に換えるのではという思惑が広がり、円買い・ドル売りが急増したためと考えられます。

事例3　2011年と12年の平均円ドルレートはともに79・8円でした。11年と12年の失業率は、それぞれ4・6％と4・3％で、有効求人倍率は、それぞれ0・65倍と0・8倍でした。それに対して、22年の平均円ドルレートは131・38円の円安でしたが、新型コロナとロシアのウクライナ侵略によるエネルギーと穀物価格の高騰という悪条件が重なる中、失業率は2・6％にとどまり、有効求人倍率は1・28倍でした。円安よりも円高の方が、これほど雇用が悪化するにもかかわらず、「円高は国力が強い証拠」とでもいうのでしょうか。

円ドルレートを決定する要因としては、①日米金利差、②日米予想インフレ率差、③地政学的リスク等さまざまなリスクなどが考えられますが、「国力」だけは全く関係ありません。そもそも、国力なるものはどのように定義するにせよ、ある日突然、増大したり、突如として低下したりするものではありません。しかし、為替レートは①から③の要因が急に変化すると、ごく短期間に急騰したり、急落したりするのです。

悪い円安？

22年9月から10月にかけて、1ドル140円台〜150円台の円安が続いた当時、「90年代以降、日本の製造業は海外に生産拠点を移す傾向が続いたから、円安になってもかつてのように輸出は増えなくなっており、成長に寄与しなくなっている。そのため、円安は輸入価格を引き上げるだけで、日本にとって不利だ」という「悪い円安論」を説くエコノミストが少なくありませんでした。本当でしょうか。

円安が日本経済にとって良いかどうかは、円安の程度により「円安になればなるほど、いいとか、悪いとは言えません」。そこで、ここでは一応の目安として、80年代以降の円安期と円高期で、実質成長率はどちらの期間の方が高かったかを比較してみましょう。

１９８０年～91年の平均円ドルレートは１８３円で、平均実質成長率は４・３％でした。92年～２０１２年はそれぞれ、１０７円と０・８％でした。したがって、92年～12年の80年～91年に対する円高率は71％に達する一方で、実質成長率は82％もの低下です（注）。アベノミクスの期間である13年～19年は、09年～12年に比べて平均22％の円安で、平均実質成長率は１％ポイントの上昇です。13年～19年の年平均０・９％成長のうち０・６％は純輸出（輸出から輸入を引いた金額）の増加が寄与しています。

以上の数値から、日本では、実質成長率は円高期よりも、純輸出の成長寄与度が大きい円安期の方が高いといえます。したがって、１９８０年～２０１９年の期間では、右に引用したエコノミストの「悪い円安論」は妥当しません。とくに、90年代以降のような、低インフレ（０％台のインフレ）・デフレ期は、内需（消費と民間設備投資）が弱いため、実質ＧＤＰの純輸出依存度が高まります。したがって、円安は低インフレ・デフレからの脱却の助けになります。

（注）なお、円高（安）率を計算するときには、１円が何ドルに相当するかを計算する必要があります。１ドル＝１８３円の時は、１円＝（1/183）ドル＝0.00546ドルになります。同様に、１ドル＝１０７円の時は、１円＝（1/107）ドル＝0.009346ドルです。したがって、円高率＝100×（0.009346−0.00546）／0.00546＝71（％）です。

国際収支に関するさまざまな誤解

為替レートと同様に、国際収支は一般にわかりにくいようで、誤解の多い分野です。メディアやエコノミストの議論の中から、誤解の多い事項を選んで、誤解を解いておきたいと思います。

(1) 経常収支が赤字になると外貨を稼げないから輸入できなくなる?

読者の中にも、「日本は原油や天然ガスなどのエネルギー源が全くなく、食料自給率も低いから、経常収支を黒字にして外貨をたくさん稼がないと、エネルギーや食料を輸入できなくなり、国民生活は大変なことになる」と思っている方は多いのではないでしょうか。この考えは、「経常収支黒字(以下、経常黒字と略します)の大半は貿易収支黒字(以下、貿易黒字と略します)だから、輸出によって外貨を稼ぐことが日本にとって死活問題だ」という考えにつながります。

21年半ばから、原油や天然ガスの価格が高騰し始めたため、日本の貿易収支赤字(以下、貿易赤字と略します)が増加し、21年12月と22年1月の経常収支の速報値は赤字になりました。メディアは「1月の経常赤字1・1兆円、原油高で過去二番目の赤字幅」と大々的に伝え、危機感を露わにしました。

さらに、22年2月末にロシアのウクライナ侵略が始まると、エネルギーと穀物の価格がさらに高騰したため、貿易赤字は一層拡大しました。この状況を見て、ある著名な経済学者(この人を取り上げるのは、この人の言説の信者が少なくないからです)が、「日銀は利上げして、円安を止めないと、貿易赤字がとめどもなく拡大し、経常収支も赤字になり、円安スパイラルが起き、大変だ!」と大騒ぎしました。

しかし、その後、財務省が発表した季節調整済みの改定値では、21年12月と22年1月の経常収支は、それぞれ、1兆4094億円と1兆159億円のかなり大幅な黒字になりました。22年1月の速報値では、1兆1887億円の赤字ですから、季節調整済み改定値との差は2・2兆円にもなります。これほど改定するなら、速報値を発表する意味を疑います。

改定値で見れば、右に引用した経済学者が大騒ぎしたような赤字どころか、大幅な黒字だったのです。この経済学者によると、アメリカの経常収支は恒常的に赤字だが、それが可能であるのは、金融収支でファイナンスできるからで、金融収支でファイナンスできるのは、アメリカ経済の将来について世界が信頼しているからだそうです。一方、日本経済の将来について、世界は信頼をしてくれないから、日本は経常収支の赤字を継続するのは難しいとのことです。

この考え方は、この経済学者に限らず、自称と他称にかかわらずエコノミストと言われる人の間でも、よく見られます。

しかし、国際収支では、複式簿記の原理により、誤差脱漏を無視すると、経常収支＋資本移転等収支＝金融収支という恒等式が成立します。資本移転等収支とは対価の受領を伴わない固定資産の提供、債務免除などで、経常収支に比べるとごくわずかですので、話をわかりやすくするために、これを無視すると、経常収支＝金融収支が恒等的に成立します。これは、経常収支が赤字であれば、必ず金融収支も赤字になり、経常収支の赤字は、金融収支に計上される取引である借り入れなどによってファイナンスされていることを意味します。

例えば、ある日本の輸入企業が米国の金融機関から借り入れて、その借入資金で米国の機械生産企業から機械を輸入するとします。この場合、機械の輸入は経常収支と金融収支の赤字の増加として、国際収支に記帳されます。つまり、経常収支が赤字になったのは、その赤字がファイナンスされたからなのです。もし、ファイナンスされなければ、機械は輸入されず、経常収支（その中の貿易収支）の赤字要因にもならなかったのです。

つまり、経常収支が赤字でも、輸入企業は米国の金融機関からドル融資を受けるか、あるいは、日本の金融機関から借り入れるなり、日本の証券市場で証券を発行するなりして、円資金を調達し、その円資金を外国為替市場でドルと交換して、そのドルで輸入できるのです。また、輸出企業も輸入企業が輸入できるように、せっせと外貨を稼いで、輸入企業に直接融資しているわけではありません。

右に引用した経済学者は、「日本経済の将来について、世界は信頼をしてくれないから、日本は経常収支の赤字を継続するのは難しい」と言います。経常収支の赤字がファイナンスされないため、その赤字を継続することが難しければ、定義によって、経常収支はゼロか黒字になるしかありません。

(2) 経常収支が赤字になると、円安がとまらず、物価高騰も止められなくなる？

右に引用した経済学者は、「経常収支が赤字になると、ドルを買う必要があるので、ドル高円安になる。赤字が将来も続くと予想されると、将来さらに円安が進むことが予想される。すると、現在、円を売っておくことが利益を生むので、円が売られる。このために円安がさらに進んでしまう。原油価格の異常な高騰はいつかは収まるだろうが、円安スパイラルは続いて、とめどもない円安に落ち込む危険がある。そうなれば日本国内の物価高騰を止められなくなる。他方、円安になったところで、かつてほど輸出が増えて貿易収支が改善するわけではない。国民が疲弊するだけのことだ」と日本の前途を憂いています。

とめどもない円安とは、1ドル＝千円、それとも、1ドル＝1万円でしょうか。そんなに円安になっても、輸出が増えて貿易収支が改善するわけではないなら、それを反映して、経常収支は赤字になるしかありません。しかし、この経済学者は「日本は経常収支の赤字を続けるのは難しい」とも述べています。経常収支の赤字を続けるのが難しければ、経常収支を決める最大の要因である貿易収支は黒字になるしかありません。この経済学者は、とめどもない円安が進むと、経常収支と貿易収支は黒字化するのか、それとも逆に、赤字が拡大するのか、一体、何を言っているのかわからないという「混乱の極み」に陥っています。

主要先進国が変動相場制に移行した70年代初頭、経常収支は為替レートによって調整されて、ゼロの状態で均衡するだろうと考えられていました。ところが、アメリカ（1982〜2022年まで、91年を除き、経常赤字。以下同）、オーストラリア（1980〜2018年）、イギリス（1984〜2022年）、ニュージーランド（1980〜2022年）、アイスランド（1980〜2012年、除く86年と02年）などの変動相場制を採用している先進国の中には、経常赤字が長期にわたり続いている国があります。この経験から、為替レートは経常収支を均衡化（経常収支がゼロで均衡すること）するように決定されるという理論は放棄されました。

それに代わって登場した為替レートの決定理論は、資産選択アプローチです。これは、為替レートは資産市場における資産選択行動によって決定される、という考え方です。この理論では、為替レートを決定する有力な要因は、各国の資産の中の貨幣ストック量の差やそれを反映した金利差や資産の収益率に関するリスクの差などです。

経常黒字や赤字は、この資産選択アプローチで決定された為替レートを所与として決定されることになります。したがって、右に引用した経済学者の主張するように、経常収支が赤字になると、円安が止まらなくなるのではなく、資産市場で決定された為替レートが円安になれば、経常収支の赤字が縮小するか、黒字が増えるのです。「経常収支が赤字になった。大変だ」と大騒ぎすることはないのです。

なお、この経済学者は、為替レートは経常収支によって決まるという、古い理論を採用して議論していますが、日銀に「利上げをして円安を止めよ」とも主張しているので、資産選択アプローチも採用しているようにも見え、為替レート決定理論についても混乱しています。

(3) 利上げしないと、円安スパイラルが起きて、円安は止まらない?

2022年以降の為替レートの決定に影響する要因としては、①外国と自国の国債金利の差、②エネルギー価格と食料価格の高騰によるエネルギーと食料に関する安全保障のリスクの大きさ、および、③ロシアのウクライナ侵略による地政学的リスクの大きさが挙げられます。

イギリス、ユーロなどの中央銀行はアメリカの利上げに追随して政策金利を引き上げましたが、期待したほど自国通貨安を止めることはできませんでした。それは、アメリカの②と③のリスクに比べて、イギリスとヨーロッパ大陸の国は、燃料のロシア依存度が高く、かつ、戦争地帯であるウクライナとロシアに近いため、ポンドやユーロに対する②と③のリスク・プレミアムが大きいからであると考えられます。ドルに比べて、二つのリスク・プレミアムが大きければ、それだけドルに対して通貨安になります。つまり、②と③については、ドル建て資産はリスクの少ない安全資産なのです。

それでは、右に引用した経済学者が警告するように、日銀が利上げしないと、円安スパイラルが起きるでしょうか。

ロシアのウクライナ侵略開始後、アメリカの中央銀行は、7％から9％へと急上昇したインフレを抑え込もうと、政策金利を毎月のように引き上げました。他方、日銀は「利上げして、円安を止めよ」というマスメディアやエコノミストの声を断固拒否して、利上げしませんでした。そのため、米日金利差が拡大し、円安・ドル高が進み、22年10月21日には、一時、1ドル＝150・38円（中心相場）にまで円安・ドル高が進みました。「利上げ」の合唱が頂点に達したのはこの頃です。

ところが、円ドルレートはアメリカが利上げし続ける中、1ドル＝150・38円をピークに、円高・ドル安に反転して、1ドル＝133円程度で安定し、とめどもない円安スパイラルは起きませんでした。

この安定化の原因は、アメリカの政策金利の引き上げにより、米日の短期金利差は拡大しましたが、急速かつ大幅な利上げにより、アメリカの将来の景気の悪化が懸念されて、アメリカの中長期の国債金利が低下したため、円ドルレートに影響する①の中長期の米日金利差が縮小したこと、および、右に述べた②と③の円のリスクが低下したことにあると考えられます。

今後、円安・ドル高が進むとすれば、いま述べた三つの要因が逆転する場合です。

（4）日本経済は信用されていないから、経常赤字を続けられない？

右に引用した経済学者は、「日本経済は世界から信用されていないから、経常赤字を続けられない」と言います。それに対して、アメリカは世界から信用されているから、経常赤字は必ず金融収支の赤字でファイナンスされるとも言います。この主張と似ていますが、「ドルは基軸通貨だから、アメリカは長期的に経常赤字を続けられる」という主張もあります。

すでに述べたように、オーストラリア、イギリス、ニュージーランド、アイスランドなどは、長期にわたって、経常赤字を続けてきました。経常赤字は必ず金融収支の赤字でファイナンスされますから、経常赤字を続けられなくなるということは、貸し手が借り手の債務返済能力を疑って、貸そうとしなくなるためです。

それでは、１９８１年以降、22年までの42年間、経常黒字を計上し続けてきた日本は、世界の貸し手から返済能力がない国と見られているため、経常赤字国にはなれないのでしょうか。

仮に、日本は世界から借り入れる能力がないと見られているとしてみましょう。その場合には、日本が保有している外貨準備や対外純資産を取り崩して、輸出する以上に輸入することができます。

安達誠司の「経常収支黒字減少のなにが問題なのか？」（SYNODOS OPINION, 2014）は、日本の12年の対外純資産残高と13年の経常収支のデータから、13年の日本の対外純資産残高を推計し、「今後、平均して5兆円程度の経常収支赤字が続いたとしても、対外（純）資産がゼロになるのは60年後である」と述べています。

そこで、安達の手法を22年末の時点を取って援用してみましょう。22年末の外貨準備高と対外純資産残高は、それぞれ、161兆円と411兆円ですから、毎年5兆円の経常赤字が続くとすると、外貨準備と対外純資産がゼロになるのは、それぞれ、32年後と82年後です。世界から全く資金を借りることなく、82年後まで経常赤字を続けられる国が、信用されないなどということがあり得るでしょうか。

一方、84年以降、経常赤字が続いているイギリスは対外純債務国で、21年末の対外純債務残高は5兆5694億ドルと巨額です。日本は長期にわたって対外純債権国で、21年末の対外純債権残高は3兆6000億ドルに達しています。イギリスの外貨準備高（21年末）は日本の13％に過ぎません。このような状況で、イギリスが39年間連続で経常赤字を続けることができるのに対して、日本が経常赤字を数年間すら続けられない、といったことがあり得るでしょうか。

（5）貿易赤字が続くのは、日本企業の国際競争力が落ちているからだ?

2010年代半ばから、日本の電機メーカーが相次ぎ、テレビ（正確には、テレビ受像機）やその他の家電製品の国内生産を縮小したり、その生産から撤退したりしました。こうした家電製品の国内生産の縮小・撤退を、日本企業の国際競争力が落ちた象徴として捉えるメディアやエコノミストは少なくありません。

しかし、このような理解は妥当ではありません。テレビの生産技術はすでに成熟段階にあり、今後、革新的なことが起きるような分野ではありませんし、むしろ、若い人を中心に、テレビ離れが進み、スマホやタブレットでニュースや動画やテレビ番組を見る時代です。こうした時代に、日本がかつての家電生産における栄光を取り戻そうとして、中国や韓国と競争しても利益を上げることはできません。経営理念と経営目標を抜本的に変えることが、生き残るための必須の条件です。

例えば、テレビを生産・販売していた日立製作所や三菱電機はもはや家電企業ではなく、製品・システム・サービスの提供を通じて、社会や顧客の抱える課題に解決策を提案し、その提案を実行することを目指す「製造業兼サービス産業」なのです。

日本の現在（19年〜22年）の輸出品のうち最大の輸出額を誇るのは、輸出総額の21％を占める輸送機器で、そのうちでも自動車（14％）です。次いで、一般機械（原動機など、19・5％）、電気機器（半導体等電子部品等、18％）と続きます。テレビ（受像機）は電気機器に分類されますが、輸出に占める割合は1988年が0・019％で、その後、低下傾向にあり、22年は0・003％です。このように、テレビは日本の輸出品額としてはもともと微々たるもので、「テレビの輸出競争で中国や韓国に負けた。日本の輸出産業の国際競争力が落ちた」と大騒ぎするようなものではないのです。

日本の最大の輸入品額は鉱物性燃料（石油、液化天然ガス、石炭）で、輸入総額の19％（19年〜21年平均）程度ですが、22年は価格が高騰したため、28％へと大きく上昇しました。鉱物性燃料は代替できる燃料が未だ発展途上段階にあるため、価格が高騰しても輸入量を減らすことが困難で、輸入金額は大きく増えてしまいます。

日本の貿易収支が赤字になるときは、鉱物性燃料価格が大きく上昇するときです。とくに、液化天然ガスの価格が高騰すると、貿易赤字が大きくなる傾向が観察されます。つまり、日本の貿易赤字の原因は日本企業の国際競争力の低下ではなく、鉱物性燃料価格の高騰なのです。

第12章 誤解される経済現象4――財政破綻、金融緩和、ハイパーインフレ

日本では、財政と金融に関して、数多くの誤解があります。それには無理もないと思われる、次のような原因があります。

第一に、日本の政府総債務残高のGDP比はG7中突出して高い。

第二に、日本は2013年4月から「量的・質的金融緩和」という超金融緩和政策を10年間続けて、満期が3年以下の国債の金利はマイナスという状況にもかかわらず、日銀が目標とする2％の物価安定を達成できていない。

第三に、日銀が保有している国債は発行済み国債残高の50％を超えているが、そのような国は日本以外にない。

このような状況を反映して、次のような主張があります。

（1）超金融緩和は短期であればよいが、長期になると副作用が累積する
（2）日銀はやがて債務超過に陥り、ハイパーインフレになる
（3）日銀が国債を買い続けているため、財政規律が緩んでいる

（4）もうすぐ財政が破綻し、金利は暴騰し、とめどもない円安になる
（5）将来世代に借金のツケを押し付けている

この章では、以上の主張をどのように考えたらよいかを説明します。

（1）超金融緩和は短期であればよいが、長期になると副作用が累積する？

この主張は、2023年4月16日午後9時からのNHKスペシャル（NHK総合）で、日銀前理事の前田栄治氏（放送当時は、株式会社ちばぎん総合研究所代表取締役社長）が述べたことです。ところが、前田氏はこの番組で、「金融緩和が長引いた場合の副作用」とは何かを具体的に話していません。実際のインタビューでは話したけれども、放送では流されなかったのかもしれません。

私は、この番組のインタビューで、消費増税が2％のインフレ目標の達成を阻害したことを縷々説明しましたが、放送では、その部分は完全にカットされてしまいました。その一方で、「量的・質的金融緩和」政策を、当時、調査統計局長および日銀理事として担ったはずの前田氏が、同政策が長期化した原因として、消費増税の影響を全く無視して、「超金融緩和は短期であればよいが、長期になると副作用が累積します」と、まるで人ごとのように述べていました。これはあまりにも無責任です。このような番組の構成と締めくくり方は、視聴者に「量的・質的金融緩和は失敗だった」という印象を与えることになります。民放ならまだしも、国民から受信料を徴収しているテレビ局としては、考えられない偏向報道です。

ＮＨＫスペシャルでの前田氏の発言には、副作用というだけで、それが具体的に何であるかの指摘はありませんが、日銀の「政策委員会 金融政策決定会合 議事要旨」（２０１５年8月6、7日開催分）には、次のような副作用の記述があります。

「一人の委員は、『量的・質的金融緩和』の効果は逓減しており、導入時の規模であっても、その追加的効果を副作用が既に上回っていると述べた。この委員は、副作用として、金融面での不均衡の蓄積や国債市場の流動性に与える影響に加えて、金融緩和の正常化の過程で日本銀行の収益が減少し、自己資本の毀損や国民負担の増加にも繋がりうることを指摘した」。

この一人の政策委員会委員の「金融面での不均衡の蓄積」とは何かも具体的に示されていないため、コメントのしようがありません。国債市場の流動性についていては、国債の売り買いの容易さの程度が高ければ、流動性は高いといいます。国債市場で取引している関係者からは、「量的・質的金融緩和」導入後、国債市場の流動性が低下したという声が高まったため、日銀エコノミストによるこの問題に関する研究が始まりました。例えば、黒崎哲夫他「国債市場の流動性：取引データによる検証」（日本銀行ワーキングペーパーシリーズ No.15-J-2 ２０１５年）は、「量的・質的金融緩和」導入後に、国債の流動性を示す指標のうち低下したものもあるが、その原因が「量的・質的金融緩和」にあるかもしれないという示唆に留まっています。むしろ重要な点は、仮に、「量的・質的金融緩和」が国債の流動性を多少とも低下させたとして、それが「量的・質的金融緩和」を修正すべき根拠になるかということです。右に引用した政策委員会委員はその根拠を示しておらず、黒崎哲夫他論文も、この点にまで踏み込んだ分析はしていません。

(2) 日銀はやがて債務超過に陥り、ハイパーインフレになる?

右で引用した政策委員会委員は、「金融緩和の正常化の過程で日本銀行の収益が減少し、自己資本の毀損や国民負担の増加にも繋がりうる」と述べています。これは、「日銀はやがて債務超過に陥り、ハイパーインフレになる」という藤巻健史元参議院議員の長年の主張につながるものです。

いま述べた点を理解するためには、国債の金利と国債価格との間には、国債の金利が上がると、国債価格は低下するという、定義的な関係があることを理解しておく必要があります。

国債は保有している期間、定期的に確定した利息が支払われます。国債は市場で毎日売買され、その価格は変動します。読者はさしあたり、国債の金利とは、この確定した利息を国債の価格で割った値であると考えてください。これはやや正確さを欠く定義ですが、このように考えても、基本的な点で間違いではありません。この国債の金利の定義から、国債の価格が下がると国債の金利は上がるという関係があることがわかります。

日銀が13年4月に、毎月、大量に国債を購入する「量的・質的金融緩和」を開始して以降、国会では、野党の「日銀がそんなに国債を買い続けると、『量的・質的金融緩和政策』を止めるとき、日銀は債務超過に陥り、ハイパーインフレになる!」という追及が盛んでした。

この野党国会議員の主張は次のようなものです。

日銀は現在、満期が短期から中長期の国債を大量に買って、金利を低い水準に維持する政策を実施しています。日銀は2%のインフレ目標が安定的に達成されたと判断すれば、国債購入を減らしていきますから、どの満期の国債価格も低下します。これが、現在の金融超緩和政策の出口です。日銀が保有している国債の市場価格（市場で国債が売買されるときの価格で、時価ともいいます）がその償還価格（政府が満期に国債を買い戻すときの価格で、国債発行時に決められており、簿価ともいいます）よりも低下すると、時価と簿価の差はマイナスになります。これを日銀の保有国債の評価損といいます。雨宮正佳日銀前副総裁は22年12月2日の参議院で、「仮にどの満期の国債の時価が一律に低下して、その金利が1％上昇すると、28・6兆円の評価損が出る」という趣旨の答弁をしています。当時の日銀の純資産は11兆円程度ですから、この評価損を差し引くと日銀は債務超過（日銀の債務がその保有資産の価値を超えること）になってしまいます。

また、日銀は量的・質的金融緩和の出口で、日銀当座預金に対して支払う金利（これを付利といいます）を引き上げることによって、貸出金利等の金利の引き上げを誘導し、金融を引き締めていきます。すると、日銀が民間銀行に支払う日銀当座預金の付利の方が、日銀が国債保有から得ている金利よりも高くなってしまいます。この逆ザヤにより、日銀の利益はマイナスになってしまいますから、これも日銀が債務超過になる要因です。

普通の銀行や会社がごく短期でなく、ある程度の期間、債務超過になれば、経営は破綻し、倒産します。それでは、日銀が債務超過になると、破綻して倒産するのでしょうか。「日銀債務超過ハイパーインフレ論」者は、日銀は倒産するとまではいっていませんが、日銀券（紙幣）の交換手段としての信用がなくなり、人々は日銀券を手にするそばからモノと交換しようとするため、ハイパーインフレになり、日銀券は紙くず同然になるといいます。ハイパーインフレとは月間インフレ率が50％超のインフレです。月間50％のインフレは年間1万2875％のインフレに相当します。

それに対して、日銀は普通の会社と違って、保有国債を時価評価せずに、満期まで保有して政府から簿価で償還を受けるので、国債の時価が低下しても損失は発生しないと反論しています。しかし、野党議員や一部のエコノミストは、「市場は時価評価で債務超過かどうかを判断するので、日銀券の信用はなくなる」と主張してやみません。この主張は、日銀が日銀券と金とを一定比率で交換に応じていた金本位制時代の話を、現在の不換紙幣制度時代に持ち込んだ幻想です。

現在の日銀券には金のような裏づけはありません。日銀券が支払い手段として流通しているのは、「日銀券を他人も交換手段として受け入れる」という信用があるからです。この点は、日銀の利益がマイナスになって、債務超過になる場合も同じです。

皆さんも日銀が債務超過かどうかなど気にせず、日銀券を交換手段として使っていますし、今後も使い続けるでしょう。実際に、22年に、オーストラリアとカナダの中央銀行が債務超過になりましたが、両国とも通貨は普段どおり流通しています。

日銀券の信用が低下するのは、高インフレになったときです。既に述べましたが（118頁参照）、ドイツでは、1922年1月から23年12月までに、物価が344億倍にもなる信じがたいハイパーインフレが起きましたが、その原因はドイツの中央銀行がこの1年間に、通貨を43億倍も発行したことにあります。しかし、このハイパーインフレの下でも、ドイツ国民はドイツ通貨を使い続けました。それは物々交換が難しいからです。最近1年間の日本の通貨量の前年比の平均は3％でしかなく、増加率が低すぎるため、日銀は2％のインフレ目標の達成に苦労している状況で、ハイパーインフレどころではないのです。

（3）日銀が国債を買い続けているため、財政規律が緩んでいる？

「政府は日銀がいつでも国債を買ってくれ、国債金利も低いため、安心して国債を発行している。その結果、財政規律が緩んでいる」という主張も盛んです。

しかし、財政規律は緩んでいるどころか、２０１３年～19年にかけて、基礎的財政収支の赤字のＧＤＰ比は大きく減少しており、緊縮的です。それを反映して、この期間、政府総債務のＧＤＰ比も政府純債務（政府総債務から政府保有の金融資産を控除した値）のＧＤＰ比もほぼ横ばいで推移しています。２０２０年に、基礎的財政収支の赤字のＧＤＰ比が急拡大し、それにつれて、政府総債務と政府純債務のＧＤＰがともに上昇していますが、これはワクチン接種のない中、新型コロナに対応するために、飲食店・宿泊業等に休業を求めたことに対する給付金等の急増によるもので、やむを得ない一時的緊急対応の結果です（図表12-1）。

むしろ、２０１３年から19年にかけての基礎的財政収支赤字のＧＤＰ比の急減は、総需要を大きく下押しする圧力として働いたため、成長率とインフレ率の低下を招いたという点で、評価できるものではありません。

図表 12-1　政府総債務残高のGDP比と政府純債務残高のGDP比および基礎的財政収支のGDP比の推移

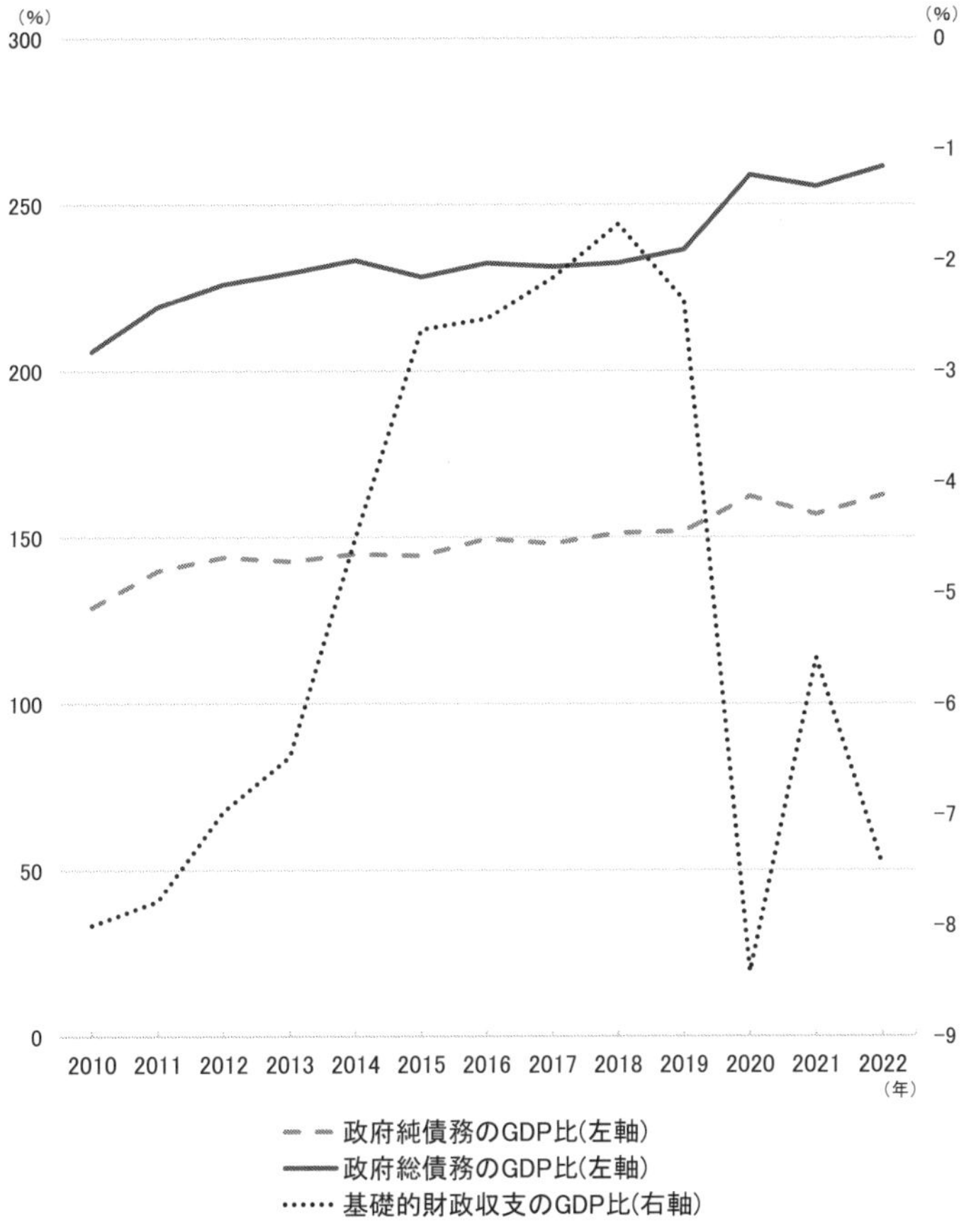

（注）2021 年以降は、IMF 予測

（資料）IMF, Internatinal Economic Outlook Database, April 2023

（4）もうすぐ財政が破綻し、金利は暴騰し、とめどもない円安になる？

「国債発行が続くと、やがて、国債を買うのは日銀だけになる。そうなると、日銀が国債の大量売りに対応して、国債を買いまくっても、国債金利の暴騰を止められない。日本国債を売って、ドルやユーロに換え、そのドルやユーロで米国債やユーロ債を買う動きが活発化する。その結果、とめどもない円安が起きる」という主張も盛んです。

国債金利の暴騰を回避して、財政の持続可能性を確保するためには、政府純債務のGDP比がとめどもなく上昇するという、発散経路に入らないようにすることが肝心です。13年～23年まで、名目成長率が国債金利を上回る（ドーマー条件が満たされるといいます）状態が続いています。この場合には、基礎的財政収支が赤字であっても、政府純債務のGDP比は（政府総債務のGDP比も）発散経路に入らず、財政の持続可能性を確保でき、国債の大量売りと大幅な為替安を避けることができます。なお、政府保有の金融資産を取り崩せば、歳出を賄うための財源になりますから、財政の持続可能性を確保するうえでは、政府総債務のGDP比よりも政府純債務のGDP比に注目すべきです。

政府は基礎的財政収支の黒字化を目指していますが、黒字化しなくても、ドーマー条件が満たされている限り、政府純債務のGDP比が発散経路に入ることはありません。

ドーマー条件の維持のためには、名目成長率を高く維持することが重要です。名目成長率は実質成長率と物価（GDPデフレーター）上昇率の和に一致しますから、増税により名目成長率を低下させるのではなく、減税と「量的・質的金融緩和」とを組み合わせて、2％のインフレ目標の達成とその維持に努めることにより、名目成長率を引き上げることが重要です。

ただし、インフレ率が2％に近づくにつれて、金利が上昇してドーマー条件が満たされなくなる可能性はゼロではありません。そのときに備えて、安全性の観点から、名目成長率と国債金利の差が縮小するにつれて、基礎的財政収支の赤字を縮小させていくことが無難でしょう。実際に、インフレ率が2％に近づくことは、民間需要が拡大し、需要不足が解消しつつあることを示していますから、基礎的財政赤字を縮小しても、実質成長率の低下や失業率の上昇を心配する必要はなくなると考えられます。

なお、MMT論者の中には、「インフレにならない限り、財政赤字を拡大すべきだ」と主張している人がいますが、これには二つの問題があります。第一は、「インフレにならない限り」というときのインフレ率が具体的な数値で示されていないことです。第二は、財政の持続可能性は、インフレ率ではなく、名目金利と名目成長率の差がプラスかマイナスかに依存しているということが無視されていることです。

(5) 将来世代に借金のツケを押し付けている?

財務省に限らず、ほとんどの国民が「日本は、国債の負担を将来世代に先送りしている」と考えていると思われます。それは、国債の利払いや償還費を将来世代が税で負担すると考えるからです。

それに対して、将来世代は国債償還のための税負担（債務）を負うが、国債という資産も残されるので、債務と資産が相殺しあって、将来世代に国債の負担は生じないという主張もあります。右のいずれの議論も誤りです。

国債の負担は効用を基準に考えるべき

国債をどの世代が負担するかは、国債発行の結果、どの世代の効用が低下するかで判断すべき問題です。このように国債の負担を、効用を基準に考えるのは、人々の生活の満足度は、人々が消費によって得ることができる効用の大きさに依存して決まると考えられるからです。効用を基準に考えると、国債を負担する世代とは、税を国債の発行に置き換えたときに、消費を減らさざるを得ないために、効用が低下する世代です。

将来世代にとって役に立つ公共投資なら、国債は将来世代の負担にならない？

国債発行で資金調達された公共投資が、将来世代にとって役に立てば、国債は将来世代の負担にならないという主張もあります。しかし、国債の負担を考えるときには、財政支出を増税か国債発行のいずれで賄うかにかかわらず、財政支出の額と支出の種類は同じであると前提して考えなければなりません。なぜならば、国債の負担とは、財政支出の資金調達手段が異なる場合の負担の相違を議論しているからです。それに対して、将来世代にとっての公共投資の利便性は、財政支出の種類の相違を問題にしており、論点がずれています。

国債発行により予想実質金利が上がれば、国債は将来世代の負担になるそれでは、どのような場合に、国債の負担は将来世代に付け回しされるのでしょうか。それは、財政支出を一定として、税を国債発行で置き換えたときに、国債の予想実質金利が上昇する場合です。予想実質金利とは名目金利から人々の予想インフレ率を差し引いた値です。

予想実質金利は、貯蓄と投資が一致する水準で決まります。貯蓄とは資金の供給であり、投資とは資金の需要です。税収から政府消費支出を差し引いた値を、政府貯蓄といいます。政府の投資（公共投資）がこの政府貯蓄を上回れば（これを、政府の投資超過といいます）、政府はこの投資超過分の資金を調達するために、国債を発行しなければなりません。このケースで、国債が発行されたときの世代が、消費を減らして、その分だけ貯蓄を増やし、その増やした貯蓄で発行された国債を購入すれば（例えば、消費を減らすことによって増やした貯蓄を定期預金や生命保険で運用し、銀行や生保が国債を購入するケースがこれに該当します）、国債発行による政府の資金需要の増加と民間の貯蓄増加による資金供給の増加とが一致するので、国債の予想実質金利は変化しません。

しかし、民間部門が国債発行の増加に見合った分だけ貯蓄を増やさなければ、政府の資金需要の増加が民間の資金供給の増加を上回るため、国債の予想実質金利は上昇します。国債の予想実質金利が上昇すると、銀行等にとっては、貸付や社債購入よりも国債購入のほうが有利になるので、貸付や社債購入が減少します。その結果、貸付や社債の予想実質金利も上昇します。以下では、煩雑ですので、誤解の恐れがないと思われる限り、予想実質金利を単に金利と呼ぶことにします。

さて、金利が上昇すると、次のような状況が発生します。

第一に、貸付金利や社債金利は家計の住宅投資や企業の設備投資（事務所建設、機械の購入、ソフトウェア投資など）の費用ですから、金利が上昇すると、住宅投資や設備投資が減少します。これを国債発行による投資締め出し効果といいます。これは、将来世代に残される住宅や設備といった実物資産が減少することを意味します。将来世代に残される実物資産が減少すれば、将来の実質GDPは減少します。例えば、住宅の減少は、実質GDPの構成要素である貸家の家賃所得や持ち家の帰属家賃所得の減少をもたらし、企業の設備資産の減少は生産性の低下から実質GDPの減少をもたらします。実質GDPが減少すれば、消費も減らさなければなりません。

第二に、海外の金利を一定として、日本の金利が上昇すると、円建ての資産に投資することが有利になるため、円の為替レートは円高方向に変化します。そのため、輸出が減少する一方で、輸入が増加する結果、経常収支の黒字が減少します。これを国債発行による純輸出締め出し効果といいます。経常黒字の減少とは、対外純資産の減少を意味します。将来に残される対外純資産が減少すると、将来世代が海外から受け取る利子・配当などの所得が減少します。この減少により、将来世代は消費を減らさなければなりません。

このように、税を国債発行で置き換えた時に、金利が上昇すると、将来世代は消費を減らして対応しなければならなくなるため、将来世代の消費から得られる効用は低下します。この将来世代の効用の低下が、現在発行される国債の将来世代負担です。

量的・質的金融緩和で予想実質金利は低下

日本では、「量的・質的金融緩和」が始まった13年度以降、22年度まで国債発行が続き、国債残高が累増していますが、13年度から22年度までの平均名目金利（10年物国債金利）は、09年度から12年度の平均1・09％から0・17％へと、上昇するどころか低下しています（2023年3月9日は0・53％）。

一方、予想インフレ率は、13年度は大きく上昇しましたが、14年度の消費増税後、横ばいから低下傾向を示しています。しかし、13年度から現在まで、予想実質金利は12年度以前よりも低下しています。日本で、このような状況が13年度以降、続いているのは、投資との対比で貯蓄が旺盛だからです。

国債の将来世代負担はいつ始まるか

国債の将来世代負担が始まるのは、完全雇用に近くなり、インフレ率が日銀の2％のインフレ目標が安定的に維持されるようになってからです。このときには、「量的・質的金融緩和」からの出口が開始され、予想実質金利の上昇が始まると考えられるからです。ただし、そのときでも、民間部門が貯蓄を増やして国債を買い続ければ、予想実質金利は上昇しないため、貯蓄を増やして消費を減らす現在世代が国債を負担することになり、将来世代の負担にはなりません。

なお、国債を将来世代が負担することは、常に避けるべきことではありません。例えば、ロシアのウクライナ侵略後、日本でも戦争危機意識が高まり、防衛費の増強が決まりました。その財源として、増税するか、国債発行で賄うかが議論になっています。国債発行反対論者は、「軍事品は消耗品であるから、将来世代も利益を受ける公共投資と異なり、現在世代が負担すべきだ」と主張しています。しかし、防衛により、現在、生命と財産が敵国から守られれば、将来世代の利益にもなります。このことは、戦争になれば、将来世代に残されるはずだったインフラや民間設備などが破壊されることを考えれば、明らかです。したがって、防衛費を現在世代と将来世代でどのように負担し合うかは、防衛によっていずれの世代がより多く利益を得るかの問題です。

あとがき

現在の日本経済は戦後経済史上、最も多くの解決すべき問題を抱えているといってよいでしょう。それらの問題は本書で示した「経済学の道しるべ」に沿って考えることによって、初めて解決策を見いだせるはずです。

本書の第4章と第7章で示したように、日本経済はさまざまな経済問題――長期にわたる低成長、賃金の停滞、正社員と非正社員の賃金格差とその固定化、低成長と高齢化社会における社会保障制度の維持など――を抱えていますが、これらの問題の根源には、すべて「デフレと長期デフレを経験して形成された強固なデフレマインド（158頁）」があります。したがって、優先すべき経済政策は、デフレマインドを吹き飛ばして、デフレから完全に脱却する政策です。そのための金融政策は日銀が実施している「長短金利操作付き量的・質的金融緩和（YCC）」と減税を主たる内容とする積極財政政策を、「2%の物価安定」が持続的・安定的に維持されるまで続けることです。

この点を理解するためには、まず、第7章でリフレ政策とは何かを理解し、実質賃金の低迷の原因を示した第9章（215～217頁）、為替レートにまつわる問題を説明した第11章、さらに、財政金融政策に関する誤解を糺した第12章へと読み進めてください。そのうえで、第10章を読めば、労働生産性を高めて、実質成長率を引き上げ、賃金を持続的に上昇させ、格差を縮小するためには、フリードマンが定義した意味での新自由主義（新自由主義については第10章で誤解を解いています）に戻づく規制改革（219〜233頁）と、個人単位の所得再分配制度を導入すること（233〜234頁）が重要であることを理解していただけると思います。

以上の経済政策は、（1）財政金融政策というマクロ経済政策によって、家計と企業が生き生きと活動できる舞台である経済環境をつくり、（2）規制改革により市場を競争的に維持して、労働生産性の向上を図り、（3）規制改革の結果として起きる格差に対しては、個人単位の所得再分配政策で対応するという、ポリシーミックスです。

そこで、2023年現在、政権を担っている岸田文雄内閣の経済政策は、「経済学の道しるべ」からはどのように評価できるかを、応用問題として検討してみましょう。

岸田政権は、（1）については、デフレから完全に脱却していないにもかかわらず、減税とは逆の増税路線を選択しようとしており、（2）の規制改革は新自由主義であるとして反対で、（3）の個人単位の所得再分配政策については、児童手当の所得制限を撤廃し、支給期間を高校生年代まで延長すると提案されています。しかし、その少子化対策の財源は徹底した歳出改革等によって確保することを原則としています。（1）と（2）の政策がなければ、所得再分配の基になる国民所得（再分配の基になるパイ）は増えませんから、歳出の大きな部分を占める社会保障費の大幅な削減無くしては、徹底した歳出改革は不可能です。岸田政権は、「歳出改革等は、国民の理解を得ながら、複数年をかけて進めていく」といいますが、パイが増えない中では、国民の理解を得ることは難しく、中途半端な歳出改革に終わる可能性が大きいと予想されます。パイが増えれば、歳出改革は、増えないパイの分配ではなく、増えたパイの分配を変えることを基本にすればよいので、歳出改革は国民の合意を得やすいと考えられます。

岸田政権の目玉である、「異次元の少子化対策」を示した「こども未来戦略方針」は、「若者・子育て世代の所得向上に全力で取り組む。新しい資本主義の下、賃上げを含む人への投資と新たな官民連携による投資の促進を進めてきており、既に、本年の賃上げ水準は過去30年間で最も高い水準となっているほか、半導体、蓄電池、再生可能エネルギー、観光分野等において国内投資が活性化してきている。まずは、こうした取組を加速化することで、安定的な経済成長の実現に先行して取り組む。その中で、経済成長の果実が若者・子育て世代にもしっかり分配されるよう、最低賃金の引上げや三位一体の労働市場改革を通じて、物価高に打ち勝つ持続的で構造的な賃上げを実現する」といいます。

しかし、これまで（23年8月現在）、岸田政権は「賃上げを含む人への投資と新たな官民連携による投資の促進を進めて」なぞいませんし、「本年（23年の春闘―岩田注）の賃上げ水準は過去30年間で最も高い水準となっている」のも、岸田政権の「新しい資本主義」とは全く関係ありません。23年春闘の賃上げ水準が過去30年で最高水準になったのは、「日銀の長短金利操作付き量的・質的金融緩和政策」によってもたらされた人手不足経済の下で、ロシアのウクライナ侵略によってエネルギーと食料価格が高騰したため、22年4月頃から、消費者物価前年同月比が2％台半ばから4％台前半まで上昇したからです。人手不足経済の下で、これだけ物価が上昇すれば、企業も3％台後半の賃上げをしなければ、労働者の実質賃金の低下を防げませんから、人材を確保できなくなります。

右の引用文に出てくる三位一体の労働市場改革（「三位一体の労働市場改革の指針」23年5月16日 新しい資本主義実現会議）とは、①リ・スキリングによる能力向上支援、②個々の企業の実態に応じた職務給の導入、③成長分野への労働移動の円滑化から構成される改革です。

①については、「国の在職者への学び直し支援策は、企業経由が中心」であったが、今後は、「働く個人が主体的に選択可能となるよう、5年以内を目途に、効果を検証しつつ、過半が個人経由での給付が可能となるようにし、在職者のリ・スキリングの受講者の割合を高めていく」といいます。しかし、個人経由のリ・スキリングを財政的に支援しても、（1）と（2）の政策により、成長期待が生まれなければ、技術・知識能力が向上した労働者が雇用される機会は増えません。

②は国が企業に要請すれば職務給が導入されるわけではなく、企業の経済環境の変化に応じた利潤最大化行動の下で、企業が選択する問題です。

③は、（1）により経済を人手不足経済にして、豊富な転職機会をつくった上で、（2）の政策を実施しなければ、実現できません。

岸田政権の経済政策の致命的欠陥は、デフレから完全に脱却することがすべての問題解決のための必要条件であるという認識を欠いている点にあります。しかも、規制改革には後ろ向きですから、低成長から脱出することはできません。成長政策としては、「半導体、蓄電池、再生可能エネルギー、観光分野等において国内投資が活性化してきている。まずは、こうした取組を加速化することで、安定的な経済成長の実現に先行して取り組む」というように、国が成長産業を決めて、その産業を支援するという、産業政策的な発想です。しかし、政府や官僚はどのような産業が成長産業になるかを知ることはできませんし、失敗した時の責任も取れません。成長産業は、政府と日銀による適切なマクロ経済政策の下で、規制改革を進めて市場を競争的に維持し、その競争的市場における企業の選択の結果、決まるものです。半導体や蓄電池や観光を国が補助金で支援する必要はなく、国の仕事は、例えば、民泊の規制を緩和するなど、各分野の企業行動を邪魔しないことです。

再生可能エネルギーは、補助金で支援するものではなく、炭素税や二酸化炭素排出権取引市場の創設で対応すべき問題です。これらの政策により、再生可能エネルギーがどれだけ二酸化炭素の排出を削減できるかが、市場によって決まります。それに対して、市場機能を利用しない補助金政策では、施設の建設、施設の稼働、施設の修理と最終処分という全過程で、どれだけ二酸化炭素排出量が削減されるかを知ることはできないため、かえって二酸化炭素排出量が増えてしまう可能性があります。

以上から、日本が抱える経済問題の解決は、まず、未完に終わったアベノミクスを本来意図した軌道に乗せることから始めることです。

追記（2023年8月7日）

今後の日本経済にとって、最も重要な経済政策は財政金融政策です。すでに述べましたが、日本経済は解決を迫られている問題山積の経済ですが、どの問題も経済成長なくして解決できません。経済成長を取り戻すためには、「消費増税で、財政が健全化すると、家計や企業の財政不安が払拭されて、経済成長率は上がる」といった「トンデモ経済学」を封じ込める必要があります。経済成長なくして、財政健全化はあり得ないことは、1997年度、2014年度および2019年度半ばの消費増税の結果が示しています。

何度も強調しますが、経済成長率を引き上げるためには、デフレから完全に脱却することが不可欠です。そのためには、財政政策は基礎的財政収支の黒字化の達成時期を経済状況にかかわらず、前もって決めてしまうといった、カレンダーベースの緊縮財政は避けるべきで、2％の物価安定目標が安定的に達成・維持されるまでは、消費減税も必要です。

政府税制調査会（首相の諮問機関）は2023年6月に中間答申（「我が国税制の現状と課題―令和時代の構造変化と税制のあり方」）をまとめました。その答申で、税制の経済に及ぼす中立化の観点から、扶養控除等の人的所得控除、給与所得控除、退職金税制、通勤手当税制などの見直しが議論されたため、マスメディアやSNSでは、「とどまることを知らない岸田増税路線」とか「サラリーマンいじめの増税」といった批判が飛び交いました。しかし、この答申の税制の中立性にかかわる議論は、消費税に関する部分を除くと、あえて言えば至極まっとうなことで、長期的には取り組まなければならない税制改革です。ただし、2%の物価安定目標が安定的に達成・維持されるまでは、この答申が示唆している増税を封印しなければ、日本経済はデフレ下の低成長経済に戻ってしまいます。そうなれば、この答申が目指している中立化税制改革は長期的にも実現することは不可能です。

次に、金融政策を見ておきましょう。

日銀は23年7月28日開催の金融政策決定会合で、長短金利操作の運用を柔軟化しました。7月28日会合の変更点は、①長期金利の変動幅はプラスマイナス0・5%程度で変わらないが、それを「目途」にしたことと、②10年物国債金利の指値オペを0・5%から1%に引き上げたことです。「1%の金利での指値オペ」とは、日銀が10年物国債を1%の金利で無制限に買うということを意味します。7月28日の「当面の金融政策運営について」の文章は何を意味するかわかりづらく、「日銀は10年物金利の上限を0・5%から1%に引き上げた」のだから、金融引き締め政策に転換した、と受け取るエコノミスト等が多かったようです。しかし、決定会合後の植田和男総裁記者会見や、その後の8月2日の内田眞一副総裁の講演と記者会見（以下、内田副総裁で引用）をじっくり読むと、金融引き締めではなく、「長短金利操作」（以下、YCCといいます）を持続可能にするための措置であることがわかります。

誤解を招かないようにするためには、「長期金利の変動幅を『プラスマイナス0・5%程度』とするYCCの枠組みは維持する。ただし、予想インフレ率が日銀の想定している水準よりも上振れし、それに伴って、10年物国債金利が0・5％を超えて1％に向かって上昇すると推測される場合には、金融・為替市場の安定化のために、1％の指値オペを実施し、10年物国債金利を1％で固定する」というべきだったと考えます。すなわち、日銀の公表文の「明らかに応札が見込まれない場合」とは、日銀がかなりの確信をもって、「10年物国債金利が0・5％を超えて1％に向かって上昇しない」と判断する状況ですから、1％の指値オペは実施されず、YCCは従来通りに運営されるということです。1％の指値オペを実施するのは、インフレ率の上昇を抑制するものではなく、予想インフレ率の上昇に伴って上昇する市場金利を許容することで、金利や為替レートがファンダメンタルズ（経済の基礎的条件）を離れて、大きく変動することを避けるためです。

このように、事前に指値オペを実施することを明示するのは、「昨年（22年―岩田注）12月の見直し前後の状況を思い出してみても、そうした際に、最も強い手段である0・5％での『連続指値オペ』がもたらしうる副作用は、緩和効果とのバランスでみても、大きすぎると考えられる」（内田副総裁）からです。「そこで、あらかじめこの段階（23年7月28日―岩田注）で、起こりうる副作用を和らげる措置を採ったということです」（内田副総裁）。指値オペが1％であるのは、「長期金利が1％まで上昇することは想定していませんが、念のための上限キャップとして1％とした」（植田総裁記者会見。23年7月28日）という発言から判断して、私は、日銀は金融市場関係者との対話などから「長期金利が上振れるとしても、最大1％である」と確信しているためであると、推測しています。仮に金利が1％になるまで、日銀が0・5％の指値オペで対応し続けると、10年物国債を先物で売っておいて、市場金利が1％まで上昇したときに（これは国債価格が下がることを意味します）、高値で先物売りしておいた国債を、安値で買い戻すという投機を誘発するため、日銀は金利をＹＣＣの上限金利である0・5％になるまで買い続けなければならなくなり、最悪の場合、ＹＣＣを放棄しなければならないリスクにさらされます。

以上から、ＹＣＣの柔軟化は金融引き締めではなく、長期金利が日銀のメインシナリオから上振れするリスクに備えて、念のために採用した「リスクマネジメント」（内田副総裁）と解釈するのが妥当で、「2％の物価安定」が持続的・安定的になるまで、日銀が金融緩和し続けることに変わりはないと考えます。一部大手新聞の「ＹＣＣ放棄待望論」の方が異常です。

道に迷わないための参考図書

ここでは、経済と政治を考えるうえで、道に迷わないための参考図書を分野ごとに紹介します。本文で引用した文献の中で、専門性が高すぎる書籍や論文は除外する一方、本書で十分扱えなかった日本の重要な経済問題の解決策を示した書籍（以下の5分野）を紹介します。

1　経済学の基礎知識を学ぶ

（1）**岩田規久男『経済学を学ぶ』ちくま新書**、1994年

「数式を使わない超やさしい入門書」で、経済学のテキストを一度も読んだことがない人向きです。

（2）**岩田規久男『景気ってなんだろう』ちくまプリマー新書**、2008年

「数式を使わないマクロ経済学の超入門書」ですが、日本のデフレや2008年に起きた金融危機（リーマン・ショック）の原因など、現実に起きたマクロ経済問題を理解出来る水準を目的にしています。

（3）**岩田規久男『経済学への招待』新世社**、2007年

「大学で使う教養としての経済学」のレベルです。練習問題とその解答付きです。

（4）**岩田規久男『基礎コース マクロ経済学 第2版』新世社**、2005年

大学経済学部の入門レベルのマクロ経済学で、最小限の基礎に徹しています。

（5）**八田達夫『ミクロ経済学 Expressway』東洋経済新報社**、2013年

以下の（6）と（7）を読む時間がない読者用に、Expressway（高速道路）に乗ったように素早くミクロ経済学の最重要な部分の展望を与えるとともに、さまざまな経済政策問題への対応策を自分自身で考えられるようになることを目的としています。（3）のミクロ経済学の部分のレベルをマスターされている読者には、この本から「経済学の学びなおし」を始めることをお勧めします。

（6）**八田達夫『ミクロ経済学Ⅰ』東洋経済新報社**、2008年

経済学を初めて学ぶ人が、日本が直面しているさまざまな経済政策問題への対応策を自分自身で考えられるようになることを目指した独習書です。本書では、主として財・サービス市場における市場の失敗と政府の失敗への対策が説明されています。

（7）**八田達夫『ミクロ経済学Ⅱ』東洋経済新報社**、2009年

本書は、生産要素（土地、労働、資本）における効率化政策と格差是正政策との関連を日本の現実を踏まえて説明しています。

（6）と（7）は私が規制改革などのミクロ経済政策を考えるときの座右の書です。ミクロ経済政策を立案する政治家と官僚の必読書です。

2　金融

（8）**岩田規久男『テキストブック 金融入門』東洋経済新報社**、2008年

金融政策を理解するためには、金融の仕組みを理解しておかなければなりません。金融の仕組みを説明した後に、金融政策の基本を説明しています。練習問題とその解答付きです。

（9）**堀内昭義『金融論』東京大学出版会**、1990年

（8）よりもレベルの高い、標準的な金融のテキストです。

3　財政・公共経済学

（10）**J・E・スティグリッツ（藪下史郎訳）『スティグリッツ 公共経済学 上・下』東洋経済新報社**、2003、2004年

世界標準の公共経済学の経済学部レベルのテキスト。公共部門の経済行動、公共支出の問題を厚生経済学の基礎から解説し、租税・地方財政・マクロ財政政策を扱っています。

（11）**八田達夫『消費税はやはりいらない』東洋経済新報社**、1994年

1980年代半ばから高まった消費税導入の動きに対して、高齢化対策・業種間格差対策等の消費税必要論はすべて神話であることを示した「常識破りの衝撃的な本」です。

（12）**八田達夫『直接税改革――間接税導入は本当に必要か』日本経済新聞社**、1988年

1989年度の消費税導入直前に、消費税導入よりも、所得税や資本所得税などの直接税改革の方が重要であることを示しています。

4　現代の財政金融政策を学ぶ

（13）**オリヴィエ・ブランシャール、田代毅訳『21世紀の財政政策』日経BP／日本経済新聞出版**、2023年

日本の財政の持続可能性を考えるうえでの必読書です。

（14）**ベン・バーナンキ（高橋洋一訳、吉次弘志解説・インタビュー）『リフレと金融政策』日本経済新聞社**、２００４年

デフレの悪や日本がデフレから脱却するためには、減税と量的緩和とが必要であることを示した、現在の日本経済にも通用する、先見の明のある提言書です。

5　日本経済再生に必要な経済政策

（15）**岩田規久男・八田達夫『日本再生に「痛み」はいらない』東洋経済新報社**、２００３年

日本経済の再生のために必要な財政金融政策と規制改革をパッケージとして示した政策提言書です。

（16）**鈴木亘『年金問題は解決できる！　積立方式移行による抜本改革』日本経済新聞出版社**、２０１２年

小泉政権時代につくられた年金の「１００年安心プラン」はすでに崩壊していることを明らかにしたうえで、年金清算事業団の創設と新型相続税の組み合わせによって、現在の賦課方式年金を積立方式年金に移行させれば、年金の世代間格差問題を解消できることを示しています。

（17）**鈴木亘『社会保障と財政の危機』ＰＨＰ新書**、２０２０年

生活保護制度、医療、介護、年金など社会保障制度の問題点を明らかにし、その解決策を提言しています。

著者紹介

岩田規久男（いわた・きくお）

1942年生まれ。東京大学経済学部卒業、同大学院単位取得満期退学。学習院大学経済学部教授などを経て、2013年4月から5年間、日本銀行副総裁を務める。上智大学名誉教授・学習院大学名誉教授。専門は、金融論・都市経済学。深く確かな理論に裏づけられた幅ひろく鋭い現状分析と政策提言は、つねに各界の注目を集めている。著書に『土地と住宅の経済学』（日本経済新聞社、第18回エコノミスト賞受賞）、『経済学を学ぶ』（ちくま新書）、『昭和恐慌の研究』（編著、東洋経済新報社、第47回日経・経済図書文化賞受賞）、『経済学的思考のすすめ』（筑摩選書）、『日銀日記』（筑摩書房）、『なぜデフレを放置してはいけないか』（PHP新書）、『「日本型格差社会」からの脱却』（光文社新書）、『資本主義経済の未来』（夕日書房）、『自由な社会をつくる経済学』（柿埜真吾氏との共著、読書人）など多数。

経済学《けいざいがく》の道《みち》しるべ

2023年9月30日　　第1刷発行

著 者　岩田規久男

発行者　山野浩一
発行所　株式会社夕日書房
〒251-0037　神奈川県藤沢市鵠沼海岸2-8-15
電話・FAX　0466-37-0278
https://www.yuhishobo.com

発 売　株式会社光文社
〒112-8011　東京都文京区音羽1-16-6
電話　書籍販売部 03-5395-8116　業務部 03-5395-8125
https://www.kobunsha.com/

装 幀　ヤマシタツトム
ロゴデザイン　ささめやゆき

印刷・製本　中央精版印刷株式会社

ISBN 978-4-334-10063-6

夕日書房◆好評既刊

資本主義経済の未来

岩田規久男

２０２１年12月刊

資本主義は自由と民主主義を守り、人々の生活をもっとも豊かにできるシステムである。だがそれは、さまざまな問題がつきまとうシステムでもある。物価の安定、完全雇用、資源配分の効率性、市場の失敗、所得と富の格差、バブルの発生と崩壊、グローバリズムの影響、景気変動や金融恐慌・大不況への対応、国家財政のあり方、等々。本書では、こうした諸問題について、歴史を紐解きながら徹底検証し、問題の本質がどこにあるのかを捉え、改善策を検討し、来たるべき資本主義経済の未来を展望する。

定価（本体４５００円＋税）　ISBN 978-4-334-99011-4
発行：夕日書房　発売：光文社

夕日書房◆好評既刊

沈黙を生きる哲学　**古東哲明**

２０２２年12月刊

仕事がうまくいかない。病気がつらい。勉強が手につかない。人間関係に翻弄される。人生にゆき暮れることは誰にもある。そんなときは、静かに目を閉じ沈黙してみよう。いつのまにか、問題を解消してくれる。でも沈黙は、無言になることではない。大切なことは、いつも沈黙のなかで起きてきたはず。それは、沈黙こそが、唯一、存在（実在）に触れる態度だからだ。存在倫理の新しい地平を拓く、深く静かな論考。

定価（本体２０００円＋税）　ISBN 978-4-334-99014-5
発行：夕日書房　発売：光文社

夕日書房◆好評既刊

池波正太郎　粋な言葉　　里中哲彦

２０２３年５月刊

令和五（二〇二三）年に生誕百周年を迎えた作家、池波正太郎。『鬼平犯科帳』『真田太平記』『剣客商売』『仕掛人・藤枝梅安』など、生み出された作品のストーリー性もさることながら、その神髄は池波自身が語る、また作中人物に語らせる名言葉にある。あらゆる池波作品から成熟した大人の機微や余韻を感じさせる名言を取り上げ、その魅力に迫る。

定価（本体１４００円＋税）　ISBN 978-4-334-99016-9
発行：夕日書房　　発売：光文社